충북대학교 인문사회 연구총서

일본여성 가극 다카라즈카

宝塚歌劇

이 성 재

충북대학교 출판부

일본 여성가극 다카라즈카

이 성 재

일본 여성가극 다카라즈카

저 자	이 성 재
발행처	충북대학교 출판부
발행인	윤 여 표
주 소	(28644) 충북 청주시 서원구 충대로1 (개신동12)
전 화	043)261-2952, 3014
팩 스	043)274-1256
이메일	presscbu@chungbuk.ac.kr
등 록	제1983-2001-7호
초판 1쇄 인쇄	2018년 1월 31일
인쇄처	다해 02)2266-9247

* 이 책은 충북대학교 학술도서지원사업 및 대학인문역량강화사업(CORE)의 2차년도(2017년) 사업지원을 받아 발간되었음.

ISBN 978-89-7295-317-3 93910

값 20,000원

목차

Ⅰ. 서론

1. 연구의 목적

일본의 대표적 여성가극인 다카라즈카(宝塚)는 현재 많은 팬들을 확보하고 있는 일본의 대중 연극이다. 현재, 이 가극은 방송을 통해서도 쉽게 접할 수 있으며, 그 뜨거운 인기를 반영하듯 이 가극을 주제로 한 많은 서적들이 출간되었다. 그러나 이처럼 높은 인기에도 불구하고, 이 가극에 관한 학문적 성과는 미약하다. 대부분의 서적들 역시 극성 여성 팬들을 위한 가십거리 수준에 불과하다.

그것은 이 가극에 대한 일본 사회의 지독한 편견을 반영한다고 할 수 있다. 실제로 대부분의 일본인들은 다카라즈카가 단지 여성, 특히 몽상에 빠져 있는 소녀들을 위한 연극으로 생각하면서 이 가극의 예술성을 폄하하고 있었다. 모든 배우들이 여성들이며 관객의 90퍼센트 이상이 여성이라는 점도 이 연극에 대한 이러한 편향적 태도를 강화시키는 요소라고 생각한다.

그러나 이러한 비판에도 불구하고 현재 다카라즈카는 대단한 상업적 성공을 거두고 있다. 성공은 두 가지 측면에서 바라볼 수 있다. 먼저 다카라즈카 시(市)[1]가 이 가극을 바탕으로 새로운 관광도시로서 다시 태어났다는 측면을 지적할 수 있다. 원래 무코 강변에 위치해 있는 다카라즈카 시는 19세기 말까지도 산업적 기반이 매우 취약한 평범한 농촌 마을이었다. 따라서 대부분의 주민들은 낙농업, 포도 재배, 쌀 재배를 통해 생활을 영위해 가고 있는 실정이었다. 그러나 점차로 다카라즈카 가극과 관련성을 가지면서 관광도시로서 발전해 나가기 시작했고, 현재는 명실상부한 일본의 핵심적 유원지로서의 기능을 담당하게 되었다. 이는 오사카와 고베에서 철도로 약 30분 만에 도달할 수 있다는 지정학적인 요인이 크게 작용했다. 물론 이러한 철도의 발달 역시 다카라즈카의 모회사라고 할 수 있는 한큐(阪急) 철도 회사의 역할이 크다고 할 수 있다. 즉 이 회사는 다카라즈카 가극을 핵심 산업으로 자리매김하면서 이 가극을 보려고 몰려드는 관객들을 위해 편리한 교통망을 제공해 주었던 것이다.[2]

결국 다카라즈카 가극의 탄생과 더불어 농업 지역이었던 이 도시는 급속하게 발전할 수 있었다. 현재 이 다카라즈카의 많은 주민들은 가극과 관련된 관광 사업을 통해 생계를 유지하고 있다. 다카라즈카 가극과 도시의 발전은 많은 일본인들에게 새로운 도시공학의 모델을 제공하고 있는 것이다.

두 번째로 말할 수 있는 것은 다카라즈카 가극의 성공이다. 이와 관련지어 빼놓을 수 없는 것이 무코 강변에 위치한 대극장(大劇場, 도판 1, 2,

---

1) 면적은 101.89㎢, 인구는 21만 3,033명(2000)이다. 롯코산(六甲山) 북동쪽 기슭의 무코강(武庫川) 유역에 자리 잡고 있다. 남쪽은 오사카 평야의 일부와 접하고, 북부와 동부는 홍적대지 구릉지로 이루어져 있다. 1887년 온천이 개발되었고, 1913년 전철 회사가 승객을 유치하기 위해 다카라즈카 소녀가극단을 결성한 뒤, 대극장을 비롯하여 동물원·식물원·과학관·수영장·골프장 등을 갖추면서 관광도시로 발전하였다.

2) 현재 극장 앞에는 1981년에 건설된 가족 유원지가 자리 잡고 있어 가극을 보러 온 사람들에게 또 하나의 여가 공간을 제공하고 있다. 이곳에는 코펜하겐 식의 정원과 티볼리(Tivoli) 정원이 있으며 또한 교통 박물관, 인형 박물관 그리고 다카라즈카 연극 박물관 등이 위치하고 있다. 또한 도시 내에는 만화영화 《철완아톰》으로 잘 알려진 데즈카 오사무(手塚治虫) 박물관도 있다. 1994년에 개장했으며, 첫 6개월 동안에는 40만 명이 넘는 사람들이 이곳을 방문했다. 데즈카 오사무와 다카라즈카 가극의 관계는 中野晴行, 『手塚治虫のタカラヅカ』, 東京: 筑摩書房, 1994를 참조할 것

3)이다. 현재 이 극장은 도시의 중심에 위치하고 있으면서 시를 대표하는 건축물로서 자리 매김하고 있다.

도판 1. 무코 강변의 다카라즈카 대극장

도판 2. 다카라즈카 대극장 내부의 홀

극장에서의 다카라즈카 공연은 자주 매진을 기록하고 있으며(도판 4) 다른 아시아 국가의 팬들 역시 이 공연을 보러 몰려들고 있다. 한국에서도 다카라즈카 팬클럽이 형성되어 조직적으로 공연을 보러 오며, 인터넷을 통해 서로의 정보를 공유하고 있는 실정이다.[3]

도판 3. 다카라즈카 대극장 공연장

이 가극의 성공을 극명하게 보여주는 한 예는 아마도 공연 후의 팬들의 모습에서 확인할 수 있다. 공연이 끝난 후 극장 밖에는 자신이 좋아하는 배우를 기다리는 팬들이 분주하게 움직이는 것을 볼 수 있다. 팬들은 자신이 정성들여 만든 선물과 직접 손으로 쓴 편지를 들고 있다. 관객들이 기다리는 배우는 대체로 단 한 명, 즉 가극 속에서 남성역을 맡은 여자 배우이다. 그 배우가 도착하자 모든 팬들은 한 줄로 서서 악수를 하고 선물을 준다. 그리고 동시에 '사랑해요' 라고 외친다. 공연 후에 벌어지는 이 모습을 통해 남성이 들어가기에는 무언가 어색한 일본 여성들만의 해방구가

3) 대표적인 단체로는 다카라즈카 포레버(Takarazuka Forever)를 들 수 있다.

이곳에서 형성되고 있음을 느낄 수 있었다. 관객들의 대부분은 이미 극의 줄거리를 일본의 많은 '소녀(순정) 만화'를 통해 알고 있었는데, 이는 다카라즈카가 일본의 순정만화에서 소재를 많이 채용하고 있기 때문이다. 가극은 이미 만화를 사러 서점에 가는 것으로부터 시작해서 공연 후의 선물 증정으로 일단락된다.

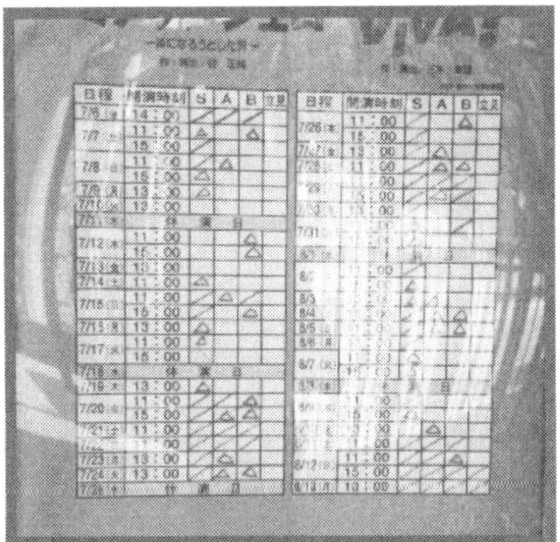

도판 4. 목요일은 휴일이며, 주말에는 만석이 자주 있음을 확인할 수 있다.

이와 같은 다카라즈카의 성공 원인은 어디에서 찾을 수 있을까? 단정적으로 말한다면 그것은 이 가극에서 남성역을 맡은 오토코야쿠(男役, 도판 5, 6)를 일본의 스타로서 부각시킨 것에 있다고 할 수 있다. 다카라즈카의 각 그룹들은 이 오토코야쿠를 자신들의 중심인물로 내세우면서 그룹의 성격을 규정하고 관객들을 끌어들인다. 오토코야쿠가 되기 위해서는 우선적으로 큰 키가 요구된다. 또한 일상에서도 남성처럼 걸어야 하며 허스키한 목소리를 내어만 한다. 가끔은 오토코야쿠가 여성으로서 무대에 서기도 하지만 대부분은 학교에 입학할 때부터 이미 정해지는 것이 관례이다.

오토코야쿠의 연기는 그러나 현실 속의 남자는 아니다. 그녀가 표현하는 것은 오히려 이상화된 남성일 것이다. 다시 말하면 아름다우면서도 강하고 부드러우면서도 거칠어야 하며, 애정이 넘치면서도 또한 그 애정을 겉으로 드러내지 않아야 한다. 남성이 가질 수 있는 모든 특징들을 한 몸에서 동시에 드러내야만 다양한 여성들이 꿈꾸는 이상적 모델을 충족시킬 수 있기 때문이다. 결국 이러한 요구는 오토코야쿠를 비현실적인 이미지로 만들어야 한다는 것을 의미한다.

도판 5. 포스터 《미켈란젤로》의 오토코야쿠(중앙)

도판 6. 공연 포스터 《안나 카레니나》의 오토코야쿠(오른쪽)

여기에서는 다카라즈카 가극 속의 오토코야쿠를 통해 일본 사회 속에 깊이 내재해 있던 양성의 관념을 분석하고자 한다. 이를 통해 다카라즈카 가극의 성공이 어느 한 시점에서 일어난 것이 아닌 역사적 산물의 하나임을 밝혀보고자 한다. 거시적인 측면에서 이는 일본인의 성에 대한 담론과 그들의 미학관을 새롭게 조망하려는 시도이다.

2. 기존 연구의 검토

다카라즈카에 대한 연구는 사실상 일본에서도 아직 크게 활성화되어 있지는 않다. 그 이유는 많은 지식인들이 이 연극에 대해 깊은 관심을 가지고 있지 않기 때문이다. 그들은 이 가극이 학문적 가치를 가지지 못하고 있으며, 단지 소녀들의 취향에만 맞춘 상업 연극의 한 종류라고 생각하고 있다. 실제로 일본의 대형서점을 가보면 다카라즈카에 관련된 책들 대부분은 심도 깊은 연구서라기보다는 팬들을 위한 대중잡지의 성격을 띠고 있음을 볼 수 있다(도판 7). 노(能)와 가부키(歌舞伎)에 비해 양적으로 훨씬 많은 책이 출판되었으면서도 책의 내용을 보면 천편일률적으로 유치한 수준에 머무르고 있었다. 예를 들면 “다카라즈카의 배우들이 좋아하는 강아지는?”, “배우들이 즐겨 찾는 식당은?”과 같은 질문에 대해 답하고 서로 이야기하는 것이 책의 내용을 채우고 있었다.

도판 7. 서점에서 쉽게 찾아볼 수 있는 다카라즈카 관련 서적

그러나 이와 같은 분위기 속에서도 최초의 본격적인 연구서를 찾을 수 있었는데, 그 책의 저자가 바로 와타나베 히로시(渡辺 裕)이다. 도쿄대학 문학부에서 미학, 예술학을 전공하고 도쿄대학 교수로 재직한 그는 다카라즈카를 일본 근대화의 과정 속에서 바라보고자 했는데, 그 연구 성과가 바로 1999년에 출간된 『다카라즈카 가극의 변용과 일본근대(宝塚歌劇の變容と日本近代)』이다. 그는 이 책을 통해 다카라즈카의 창립자인 고바야시 이치조(小林一三)가 가부키의 개량을 통해 일반 대중에게 손쉽게 다가갈 수 있는 국민극을 만들고자 했음을 부각시켰다.

그리고 근대화의 과정 속에서 벌어졌던 도쿄와 오사카 간의 문화적 차이에 대한 논쟁에서 다카라즈카가 어떤 방식으로 변화되었는가 역시 치밀하게 조사하였다. 그는 도쿄의 엘리트적이면서도 서양 문화를 직수입하려는 경향에 비해 오사카는 고바야시의 생각처럼 가부키의 변형을 추구하면서 일반 대중을 염두에 두고자 했음을 잘 보여주고 있다. 또한, 다카라즈카 가극단 내의 구극의 개량, 레뷰의 도입, 그리고 가부키 레뷰의 형성 등의 역사적 변화를 면밀하게 추적하면서 다카라즈카를 심층적으로 연구하였다. 한마디로 말하면 다카라즈카의 탄생과 형성과정을 체계적으로 연구한 대표적인 책이다. 이 책의 2장에서도 그의 연구에 크게 의지했다. 그러나 그의 연구는 시기상으로 1913년부터 대략 1930년대 초까지를 다룸으로써 그 이후의 다카라즈카의 모습을 보여주지 못한 한계를 지니고 있다.

와타나베의 역사적 연구와는 달리 다카라즈카의 미학적 측면에 초점을 맞추어 연구를 진행시킨 사람은 가와사키 겐코(川崎賢子)와 와타나베 미와코(渡辺美和子)이다. 이 두 사람은 1991년에 『다카라즈카의 유혹(宝塚の誘惑)』을 편집하면서 다카라즈카에 대한 폭넓은 시각을 가지기 위해 많은 연구자들의 글을 모았다. 이 책에서 이시이 데츠야(石井徹也)는 오토코야쿠의 탄생이 가부키에 대한 반향에서 나왔음을 지적하였고, 더 나아가 다카라즈카 내의 오토코야쿠와 무스메야쿠(娘役)의 역할이 관객들의 관심을 끄는 이유는 그것이 일본의 양면적 심성을 잘 나타내고 있기 때문이라고 생각했다.

또한 고바야시 마리(小林眞理)는 남성 중심의 연극에서 다카라즈카가 성공할 수 있었던 것은 하나의 역설이라고 바라보면서 일본 여성들이 꿈꾸는 강한 여성의 이미지는 이제 다카라즈카를 통해 그 모습을 드러내고 있다고 말했다. 그 이외에도 오하라 가오루(大原薫)는 한큐 회사의 전략으로서 다카라즈카를 바라보면서 그 상업적 측면을 강조하였고, 혼다 마스코(本田和子)는 다카라즈카를 소녀 문화의 새로운 창조로서 바라보았다. 그러나 이러한 다양한 연구에도 불구하고 이 글들은 모두가 단순한 느낌을 나타낸 감상문 수준의 글이었다. 이후 가와사키 겐코는 독자적으로 다카라즈카를 소비사회와 연관시켜 분석하는 『다카라즈카: 소비사회의 스펙타클(宝塚: 消費社會のスペクタクル)』을 1999년에 내놓는다. 이 글을 통해 그녀는 다카라즈카에 내재된 오리엔탈리즘의 문제를 지적하였고, 다른

한편으로는 소비 사회의 성립을 통해 일본 여성들이 사회에서 자신들만의 담론 체계를 만들어내었는데, 이에 기여한 것이 바로 다카라즈카라고 주장했다.

또한 다카라즈카의 극본 내용에 초점을 맞추어 연구한 것으로는 나카노 하루유키(中野晴行)의 『데즈카 오사무의 다카라즈카(手塚治虫のタカラヅカ)』를 들 수 있다. 그는 특히 만화 왕국이라고 할 수 있는 일본의 문화적 분위기가 다카라즈카의 성공에 결정적 역할을 했음을 지적한다. 제목에서도 알 수 있듯이 일본 만화계의 대부 데즈카 오사무는 다카라즈카로부터 많은 영감을 받았다. 특히 『리본의 기사』와 같은 작품의 배경이 다카라즈카의 오토코야쿠에 있다는 것은 무척 흥미롭다.

아마노 미치에(天野道映)는 『다카라즈카의 쾌락: 명작으로의 유혹(宝塚の快楽: 名作への誘い)』를 통해 다카라즈카의 성공작들을 면밀히 분석했다. 그는 특히 《엘리자베스(エリザベート)》 와 《바람과 함께 사라지다(風と共に去りぬ)》 를 통해 다카라즈카에 대한 본격적인 공연사 연구를 시작했다고 할 수 있다.

극단 내부의 연구로는 연출가 우에다 신지(植田紳爾)의 『다카라즈카 백년의 꿈(宝塚 百年の夢)』을 들 수 있다. 이 글은 앞서 언급한 와타나베의 글보다는 역사적 접근에서 부족한 부분이 많지만 다카라즈카의 내부 사정을 잘 묘사하고 있다. 특히 알려진 것과 달리 고바야시와의 갈등만으로 비추어졌던 이전의 입장에서 벗어나 그가 여전히 고바야시의 생각을 이어받고 있었음을 확인할 수 있었던 것이 흥미롭다. 그는 이외에도 『다카라즈카, 내가 다카라즈카(宝塚、わがタカラズカ)』를 통해 자신의 일대기를 서술하면서 본인이 연출했던 《베르사유의 장미(ベルサイユのばら)》 와 《바람과 함께 사라지다》 의 연습과정, 에피소드들을 자세하게 말해주고 있다.

또한 다마이 하마코(玉井浜子)의 『다카라즈카에서 꽃피었던 청춘(宝塚

に咲いた青春)』은 배우의 입장에서 바라본 다카라즈카의 분위기를 잘 보여준다. 그녀는 1943년에 극단에 입단하여 전후의 혼란기 동안에 가장 성공적인 다카라즈카의 배우로서 활동했으며 이후 1957년에 은퇴한다. 전후의 혼란기에 대한 연구가 부족한 상황에서 이 시기에 대한 가장 사실적인 모습을 보여준다는 점에서 의의가 있는 책이라 할 수 있다. 그러나 다카라즈카에 대한 긍정적인 측면만을 너무 부각시켰으며, 자신의 감상에 너무 의존했기 때문에 학술적 가치는 적다고 할 수 있다.

다카라즈카를 공부하려는 사람들에게 필수적인 책으로는 1918년부터 한큐 회사가 출간하고 있는 『歌劇』이라는 잡지를 들 수 있다. 오페라에 깊은 관심을 가진 사람이 제목만 보고 이 책을 접하게 되면 조금은 놀라게 될 것인데, 그것은 이 잡지가 다카라즈카 팬들을 위한 전문적인 잡지이기 때문이다. 현재 이 잡지는 일본 가극 문화의 전체적 동향을 다루지 않고 있으며 이 때문에 일본의 전체 가극계에서는 주변적인 위치를 차지하고 있다. 이는 다른 한편으로는 다카라즈카가 일본 연극계에서 차지하는 위상을 여실히 보여주고 있는 것이기도 하다. 『歌劇』은 초기의 단계에서는 일본의 가극 문화의 중심에 있던 잡지로서, 일본 가극의 위상과 그것이 일본의 국민문화로서 어떻게 형성되고 있는가라는 뜨거운 논의가 매호 전개되고 있었다. 이 책들은 다이쇼 중기부터 쇼와 초기에 걸치는 시대에 다카라즈카가 일본의 가극 문화의 중심적인 위치를 점하고, 적어도 장래의 가극 문화의 전개에 있어서 열쇠를 쥐고 있는 존재였음을 알 수 있게 해준다. 지금 다카라즈카라가 약간 호사적이며, 경우에 따라서는 성도착적인 특수한 공간이라고 생각하는 경향이 있지만 다카라즈카는 원래 그러한 존재가 아니었던 것이다. 그러한 생각은 다카라즈카를 현대적인 측면에서만 바라 본 고정적 이미지의 산물이다. 따라서 『歌劇』을 면밀히 조사한다면 일본 근현대의 음악계와 예술계의 논의 모습 그리고 다카라즈카와의 관련성을 잘 파악할 수 있을 것이다.

외국의 연구로 우선 들 수 있는 것은 제케 베를린(Zeke Berlin)의 1988년 뉴욕 대학교의 박사논문인 "다카라즈카: 여성가극단의 역사와 기술적 분석(Takarazuka: A History and Descriptive Analysis of the All-female Performance Company)"이다. 이 논문은 다카라즈카에 대한 모든 것을 담아보려는 시도였다고 할 수 있다. 그는 고바야시의 가극관으로부터 형성 과정 그리고 다카라즈카 음악학교와 생도들의 삶, 마지막으로 팬들의 심성까지를 모두 다루고 있다. 그는 특히 일본에서의 현지 조사와 신문들을 수집하면서 분석을 시도했고, 팬들과의 인터뷰를 통해 이러한 종합적인 연구 성과를 내놓았다. 다카라즈카 음악학교에 깊이 들어갈 수 없었던 필자의 한계를 그의 연구 덕택에 상당 부분 극복할 수 있었다. 그러나 참고문헌을 보면 『歌劇』을 참조하지 않았으며, 기존에 나와 있던 약 9권만의 일본서적을 토대로 논문을 썼다는 한계를 안고 있다.

이후 1998년에 제니퍼 로버트슨(Jennifer Robertson)은 좀 더 심도있는 연구서로 "다카라즈카: 근대 일본의 성정치와 민중문화(*Takarazuka: Sexual Politics and Popular Culture in Modern Japan*)"를 내놓았다. 특히 그녀는 당시 유행하던 성정치학(Sexual Politics)의 관점에서 다카라즈카를 분석했는데, 이는 그녀의 주전공인 사회인류학적인 접근방법을 적용한 것이다. 그녀는 1931년에서 1945년 사이의 전쟁 기간 동안에 나타난 타민족 동화 정책이 다카라즈카의 양성 이미지를 만들어냈다는 것을 지적한다. 다른 민족들이 하나의 공영권에서 살 수 있다는 생각이 다카라즈카의 서로 다른 두 성이 동시에 공존할 수 있다는 점을 만들어냈다는 것이다.

이 같은 선행의 연구에도 불구하고, 실제로 현재의 연구는 여전히 미흡하다. 이는 다카라즈카의 가극을 단순히 현재적 측면에서만 너무 접근하였기 때문일 것이다. 대부분의 연구 성과가 다카라즈카의 근대적인 측면만을 부각시킴으로써, 새로운 문화 현상으로 바라보려는 것도 이런 맥락에서 일 것이다. 그러나 모든 사회 현상이 그러하듯이 어느 한 시점을 통해 갑자기 모습을 드러내는 것은 없다. 장기지속적인 심성의 흐름 속에서 그 근원적 형성과정을 고찰할 때에만 우리는 폭넓은 이해에 도달하게 될 것이다. 따라서 이 책에서는 다카라즈카의 성립 과정과 더불어 일본의 역사를 통해 내려오는 다양한 미학관을 살펴보고자 한다. 이는 다카라즈카 이전의 양성적 전통이 현재에 어떻게 이어져오고 있는지를 파악하려는 노력이다. 또한 공연과 희곡을 통해 얻은 정보 이외에도 배우와 관객들의 만남을 통해 다카라즈카에 대한 편견을 극복하고 그 현재적 모습을 있는 그대로 바라보고자 한다.

3. 연구의 관점과 방법

일본 여성가극 다카라즈카를 처음으로 만난 것은 1999년 중앙대학교 대학원의 동양연극론 수업에서였다. 당시 박사학위를 막 받으시고 귀국하신 강춘애 교수(현재 동국대 연극영화과 교수)의 수업은 기존에 노, 가부키, 분라쿠(文楽)와 같은 고전극에 관심을 가지고 있던 나에게 신선한 충격을 주었다. 특히 여성들만이 무대에서 연기를 한다는 점, 무대에서의 배우가 일본 순정만화와 닮았다는 점 등은 매우 흥미로운 인류학적 주제가 될 수 있을 것이라고 생각했다. 또한 남성역을 하는 여배우를 보았을 때는 일본 만화를 보았을 때 생겼던 개인적인 궁금증이 연상되기도 했다. 왜냐하면 일본 순정만화의 경우에 종종 주인공으로 나오는 사람이 그림만으로 보았을 때 남성인지 여성인지 분간하기 어려운 경우가 종종 있었기 때문이다. 이후 일본의 순정만화에서는 왜 이런 성별의 모호함이 자주 등장하는지, 그리고 그것은 일본의 어떤 미학적 관념을 나타내는지 계속해서 질문하게 되었다. 그런 점에서 다카라즈카에 대한 연구는 이 질문에 대한 답을 찾아가는데 있어서 중요한 지점이었다.

하지만 연구의 과정은 쉽지 않았다. "가깝고도 먼 나라"라는 말처럼 일본은 공부를 하면 할수록 이해하기 힘든 나라였다. 생각과 달리 일본에 대한 지식이 너무나 없었다는 것은 말할 필요도 없지만, 더 큰 어려움은 주제의 특성과 관련되어 발생했다. 그것은 한국인 남성이 다카라즈카에 관심을 가진다는 사실이 많은 일본인들에게 낯설게 보였다는 점이다. 일본인 남자 친구에게 이에 대해 말했을 때도 뭔가 이상한 비웃음을 당했으며, 다카라즈카 대극장에서 일본인 팬들과 인터뷰를 할 때도 이와 같은 경험을 해야만 했다. 오히려 일본 여성 팬들은 나에게 다음과 같은 질문을 했다. "다카라즈카에 대해서 관심이 있다고요. 흥미롭네요. 그런데 왜 다카라즈카에 대해서 관심을 가지게 되었나요?" 분명 질문은 내가 하려고 했지만 오히려 인터뷰 전에 일본 여성 팬들의 이런 질문에 우선 답변을 해야만 했다. 거기에는 분명 여성들만의 공간에 낯선 외국인 남성이 들어오는 것에 대한 어떤 경계, 혹은 궁금증이 자리하고 있었다. 더 나아가 한국인 여성 가운데에도 다카라즈카 팬클럽이 있다는 사실을 알고 참가하려고 했지만 거부당한 적도 있었다. 분명 성적인 어떤 차별이 존재하고 있었던 것은 틀림없었다. 하지만 그렇기 때문에 더욱 흥미를 가지게 되었다. 이후 연구와 관련하여 성의 경계를 넘어서려는 노력이 더욱 필요하다는 생각을 하게 되었고, 자연스럽게 당시로서는 그런 존재로 비추어졌던 동성애에 대해 관심을 가지게 되었다. 게이, 레즈비언 친구들과의 만남도 크게 도움이 되었는데, 이를 통해 생물학적 성을 뛰어넘어 성을 선택할 수 있다는 가능성에 대해서도 고민해볼 수 있었다.

2002년에는 타이완의 국립경극학교에 교환학생으로 파견되어 한 달간 교육을 받고 공연을 올리기도 했다. 이때 나는 여성역을 하고 싶다고 했고 공연 준비 도중에 나의 신체가 남성적으로 코드화되어 있다는 사실도 발견할 수 있었다. 이와 같은 노력을 통해 깨달은 것은 다카라즈카 가극을 연구하기 위해서는 무엇보다도 나 스스로 가지고 있던 성에 대한 편견과 고정관념을 깨야만 한다는 것이었다. 물론 이것은 지금도 여전히 진행 중인 숙제이다.

또한 이 연구를 위해서는 단순히 도서관에서 자료만을 가지고 연구를 하는 것만으로는 충분하지 않다는 사실도 알게 되었다. 이를 위해 필요한 작업이 바로 표면적으로 나타나는 가시적인 측면에서 벗어나, 일본 관객들의 심성에 자리 잡고 있는 부분을 끄집어내는 일이었다. 그러나 그것은 쉽게 드러나지 않았다. 그렇기 때문에 지속적인 만남의 노력과 다카라즈카의 관객들이 사용하는 말속에서 그러한 핵심적 부분을 찾아내야만 했다.

가령 여성 관객들이 자주 사용하는 꿈이라든가 낭만이라는 단어가 어떤 식으로 담론화되어 다카라즈카 가극에서 형상화되고 있는가를 밝히는 것이다. 또한 동성애의 문제에 직면해서도 진정으로 관객들이 동성애를 어떤 방식으로 생각하고 있는가를 찾아내야만 한다. 예를 들면 설문 조사를 통해 확인한 바에 따르면 많은 여성 관객들은 동성애에 대해 관용적인 태도를 보이고 있었다. 그러나 직접 자신의 가족이나 친구들 중에서 그러한 동성애자가 있다면 어떻게 생각할 것인가에 대한 질문에서 그녀들은 조금 다른 태도를 보이고 있었기 때문이다. 핵심적인 것은 그들이 생각하는 사고의 수준을 표피적으로 보지 않고 그 틀을 넘으려는 새로운 시도와 노력이 필요했다는 것이다.

십여 차례의 일본 방문은 이런 노력의 일환이었다. 이를 통해 직접 관객들을 만날 수 있는 기회를 가질 수 있었으며, 다카라즈카 가극의 분위기를 체험할 수 있었다. 우선 앞서도 언급했듯이 다카라즈카 대극장 안에서 확인할 수 있는 것은 대다수의 팬들이 여성이라는 점이다. 그녀들에게 있어 다카라즈카를 보러 온 남자는 자신의 공간에 침입한 적대자의 이미지로 비추어지는 것 같았다. 그만큼 이곳은 여성만의 어떤 공간이었던 것이다. 그럼에도 직접 찾아가서 관객과 인터뷰를 하면 할수록 조금씩 다카라즈카의 여러 모습을 확인할 수 있었다. 물론 이전에 가지고 있던 나의 편견 역시 동시에 확인할 수 있었다.

일본 방문 기간 동안에 특히 큰 도움을 받았던 곳은 다카라즈카에 대한 많은 자료가 모아져 있는 이케다(池田) 도서관(도판 8)이었다. 이곳은 다카라즈카 극단이 자신들이 가지고 있는 거의 모든 자료를 모아놓는 공간이었기 때문에 많은 자료를 얻을 수 있는 기회를 가졌던 것이다. 그러나 도서관에 공부하고 있는 사람은 많지 않았다. 극장 앞에 표를 사기 위해 줄 서있는 관객들과 비교해보면 이것은 놀라운 일이었다. 다카라즈카에 관한 진지한 연구 성과의 부재를 다시 한 번 확인하는 순간이었다. 그곳에서 다카라즈카의 공연 팸플릿과 관련 신문들, 그리고 다카라즈카에서 출간한 많은 책들을 볼 수 있었다. 특히 앞서 언급한 다카라즈카의 정기간행물 『歌劇』을 볼 수 있었다는 것이 큰 성과였다. 이러한 경험을 바탕으로 연구방법을 제시하면 다음과 같다.

도판 8. 이케다 도서관

우선 2장에서는 다카라즈카 극단의 공식기관지인 『歌劇』에 나타난 여러 기사들을 통해 다카라즈카의 내부에서 벌어졌던 다양한 논쟁들을 확인할 것이다. 특히 다카라즈카의 창립자 고바야시의 가극관을 국민극과 대극장주의라는 관점에서 살펴볼 것이다. 또한 다카라즈카의 내부에서의 정체성 확립을 위한 노력, 그리고 도쿄와 서양의 시선이 어떤 영향을 주었는지를 바라보고자 한다. 이를 통해 초기의 다카라즈카가 어떻게 현재와 같은 모습으로 나타나게 되었으며 이후에는 어떤 모습으로 나아갈 것인가에 대해 유추해볼 수 있을 것이다.

3장에서는 다카라즈카의 오토코야쿠가 역사적 형성과정임을 보여주기 위해서 일본의 문화 속에 내재한 안드로진(androgyne)에 대한 개념들을 통시적으로 고찰할 것이다. 또한 다카라즈카 팬들에 대한 인터뷰를 토대로 일본 여성들이 생각하는 낭만주의와 꿈의 개념 그리고 그것이 만화 속에서 어떻게 나타나고 있는가를 제시할 것이다.

마지막으로 4장에서는 구체적으로 다카라즈카 가극에서 안드로진이 어떻게 형상화되고 있는가를 살펴볼 것이다. 더 나아가 극단 내부에서의 남성가입에 대한 논쟁과 일본 제국주의 정책 속에서의 다카라즈카, 그리고 다카라즈카 음악학교에서의 학생들의 삶이 어떤 방식으로 안드로진의 무대화에 기여했는지를 고찰할 것이다.

그리고 보론의 형식으로 앞으로 더 연구해야 할 동아시아의 여성극의 양상을 중국의 월극(越劇), 타이완의 거자이시(歌仔戲), 한국의 여성국극(女性國劇)을 중심으로 간략하게 살펴볼 것이다. 이를 통해 각 나라의 여성극에 대한 비교 연구를 기대하며, 또한 이 모두를 아우를 수 있는 새로운 연극인류학적 연구가 나오기를 기대해보고자 한다.

II. 다카라즈카의 형성과정

1. 다카라즈카의 성립과 발전

1) 지방극, 아동극으로 출발

다카라즈카 소녀가극(현재 다카라즈카 가극단)은 미노아리마덴키(箕面有馬電軌)[4]의 경영자로 알려진 고바야시 이치조의 창안에 의해 1913년 현재의 다카라즈카 시에 설립되었다. 미노아리마덴키에서는 우메다(梅田)로부터 다카라즈카에 이르는 노선을 개통하면서 종점에 있던 오래된 온천지 다카라즈카를 새로운 유원지로 만들 계획을 구상했다. 그리고 그 일환으로 소녀들에 의한 가극을 상연할 것을 고안해낸다. 다시 말하면, 최상의 유원지를 제공하기 위해서는 온천지라는 지리학적인 공간에, 조직화된 공연예술로서의 다카라즈카를 결합시키려는 것이었다.[5] 그는 우선 다카라즈카 창가대[6]를 설립해서 "음악, 창가, 댄스 등에 취미를 둔" 소녀들을 교육하고 이후 이를 바탕으로 그 교육의 성과를 관광객들에게 발표하는 새로

4) 이 회사가 현재 한큐 전철(阪急電鐵)의 모태이다.
5) 植田紳爾, 『宝塚 百年の夢』, 東京: 文藝春秋, 2002, 18-20쪽.
6) 후에 다카라즈카 소녀가극양성회로 개칭되었고 1917년에 문부성의 인가를 받아 다카라즈카 음악학교가 된다, 위의 책, 20-22쪽.

운 예술경영을 다카라즈카 시에서 실험했다.

최초의 공연은 1914년 4월에 행해졌다. 연극 제목은 기타무라 도시하루(北村季晴)작의 《돈블랑코(ドンブラコ)》, 모토오리 나가요(本居長世)작의 《떠도는 달마(浮れ達磨)》, 그리고 무용 《나비(胡蝶)》였다. 최초의 두 연극은 다카라즈카의 독창적인 공연은 아니었고, 이미 도쿄에서 상연된 것을 채용한 것이다. 그러나 8월의 제 2회 공연부터는 독창적인 연극이 대부분 상연되고 있음을 확인할 수 있는데, 이는 당시의 시대상황이 큰 몫으로 작용한 결과였다. 즉 당시 일본에서 큰 인기를 얻고 있던 소년음악대 오토기 가게키(お伽歌劇)가 영향을 준 것이다. 고바야시 자신이 다카라즈카가 성공한 것은 미츠코시(三越)의 소년음악대에서였다고 말하고 있듯이 1910년대에는 미츠코시 의복점[7] 등, 백화점을 중심으로 소년소녀를 모집해서 음악활동을 하는 것이 유행하고 있었다. 도쿄의 시라키야(白木屋)에서도 소녀음악대가 결성되어 1912년부터 공연을 행하고 있었고 다카라즈카가 무대에 올렸던 《떠도는 달마》는 이 시라키야 소녀음악대에서의 공연에서 영감을 얻었다. 이외에도 다카라즈카 보다는 약간 늦었지만 1917년에는 스즈키 야스요시(鈴木康義)에 의해 아사히(アサヒ) 가극단이 조직되어 고마가타(駒形) 극장을 근거지로 공연 활동을 전개하는 등 소녀가극은 이 시대의 경향이었으므로 결코 다카라즈카가 특이한 존재라고 말할 수는 없다.

다카라즈카 소녀가극 양성회가 모집했던 것은 15세 이하의 소녀였기 때문에 배우들의 연령층은 상당히 낮았다. 처음 1회 공연에서의 출연자 평균연령은 12세에서 15세 사이였다고 한다. 이 시기에 고바야시는 소녀가극 자체를 사회교육의 일환으로 고려하고 있었으며 따라서 가극은 마치 소녀들의 학예회와 같은 형태를 띠었다.

그리고 다카라즈카 이미지의 핵심적 성격이 된 "여성만 연기하는 것"이

7) 현재의 마츠사카야(松阪屋), 이것은 그 후 발전하여 현재의 도쿄 필하모니가 되었다.

라는 생각은 이 시기에 그리 강하게 드러나지는 않고 있었다. 현재 느끼고 있는 것처럼 여성이 남자 역을 연기하는 것을 전면에 내세우는 양성적인 이미지는 이 단체가 스스로의 정체성 형성의 과정과 다양한 외부와의 역학관계 속에서 만들어진 것이다.

그러나 관객들에게는 오히려 이러한 다카라즈카의 비전문적 측면이 매력적인 요소로 다가왔다. 소녀들의 공연 중 실수와 미성숙함은 관객들의 웃음을 자아냈고 이를 통해 그 명성이 알려지게 된 것이다. 한 예로 처음으로 암전을 무대 위에서 행했을 때, 갑자기 한 소녀가 사라진 사건이 일어났다. 사람들은 그 소녀를 찾았고 어렵게 무대 뒤에서 겁에 질린 채 울고 있는 소녀를 발견했다. 암전 동안에 그 소녀는 공포를 느꼈다고 말했다. 또한 화장실에 가야 한다고 하면서 공연 중간에 사라진 소녀도 있었다.

물론, 이러한 미성숙함을 고바야시가 계속적으로 용인한 것은 아니었다. 초기 공연 동안에도 고바야시는 계속해서 본격적인 오페라를 목표로 하고 있었다. 이를 위해 3년간의 교육과정을 만들고 소녀들에게 노래와 악기를 가르치기 시작했다.

이후 1914년에 다카라즈카는 그 독특한 성격에 힘입어 오사카 마이니치 신문(大阪毎日)의 추천을 받게 되었고 이후 오사카와 고베에서 3일 동안 공연을 하게 된다. 이 공연을 통해 지금까지의 미숙함을 조금은 벗어나게 되었으며 1915년에는 오사카의 핵심지구인 도톤보리(道頓掘)의 대극장에서도 공연을 하게 된다. 그러나 여전히 극의 줄거리는 아동들을 위한 것이었다.

이처럼 꼭 본격적인 예술 작품으로 구상된 것은 아님에도 불구하고 다카라즈카 소녀가극은 대중의 인기를 얻어 나갔다. 물론, 이는 다카라즈카가 온천에 부속되었다는 매력과 초기에 관람료가 온천의 입장료 속에 포함됨으로써 쉽게 관객들을 끌어들일 수 있었기 때문이었다. 그러나 인기가 올라가면서 혼잡을 완화할 필요가 생기게 되었고 1919년 신극장의 개장 때에는 20전의 예약금을 설정하기도 했다. 이후 이 극장이 화재로 소실되자 고바야시는 4,000인을 수용하는 대극장을 1924년에 개장하였고[8] 다카라즈카 소녀가극은 이를 통해 발족 10년 만에 대표적인 연극 집단으로 성장할 수 있었다. 창설 2년째인 1914년에는 오사카 시내에서의 출장공연을 행하는 것을 시작으로 1918년부터는 매년 도쿄에서 공연을 올렸다. 단순한 한 지방의 소녀가극이었던 것이 일본 가극 문화에서 중심적인 위치를 점하는 존재가 된 것이다. 오사나이 가오루(小山內薰)는 1918년에 행해진 최초의 도쿄공연을 관람한 후 다음과 같이 말하고 있다.

> "일본 장래의 오페라는 다카라즈카 온천장으로부터 생겨 나오는 것이라고 생각합니다. (중략) 소녀가극의 발달이 일본 장래의 오페라라고 말해도 과언이 아닙니다." [9]

다카라즈카 소녀가극이 이처럼 급속하게 일본의 가극 문화에서 중심적인 위치를 차지하게 된 이유의 하나는 우선 서민들도 쉽게 접할 수 있게 관람료를 크게 낮추었다는 것과 지방에 위치해 있어서 그동안 문화공연으로부터 소외되었던 지방 관객들을 끌어들일 수 있었다는 점, 그리고 전통적인 노래와 무용을 서양식으로 각색해 새로운 시도를 했다는 점 등을 들 수 있다.[10]

---

8) 이 건물은 1992년까지 사용되었다.

9) 小山內薰, 「獨唱? 合唱? 帝劇公演に於ける各方面の批評」, 『歌劇』, 1918. 8, 39쪽

10) 이마니시 마사코(今西正子), 「일본 다카라스카의 교육체계」, 여성국극 50주년 기념 국제학술 세미나: 동아시아 전통공연예술교육의 실제, 1999, 39-41쪽.
Berlin, Zeke, "Takarazuka: A History and Descriptive Analysis of the All-female Performance Company", Ph. D. Dissertation, New York University, 1988, pp. 184-211.

2) 가부키의 가극화(歌劇化)

고바야시가 초기에 생각하고 있던 가극의 모습은 어떠한 것이었을까? 단언하면 그것은 서양에서 행해지고 있는 가극을 일본에 들여와 일본인에 맞게 변형시키는 것이었다. 그는 가부키가 일본을 대표하는 국민극이지만 시대의 변화 속에서 사람들의 감각을 잘 포착하지 못하고 있으므로 이대로 가다가는 쇠망의 길로 갈 것이라고 판단했다.

> "우리 국민극은 사상의 누각이 아니다. 국민의 힘에 의해 성장해 온 것은 국민의 힘에 의해 변화되어야 마땅하다. 가부키는 변화할 가능성이 풍부하다. (중략) 나는 독자적인 가부키의 가극화가 변화를 위한 하나의 대안이 된다고 생각한다." [11]

고바야시는 특히 그 당시 청소년들이 소학교 때부터 서양 교육을 받았고 그로 인해 서양 음악 쪽에 훨씬 친숙해져 버린 현실을 지적했다.

> "새로이 출현할 신국민극이 그 음악적 성격에 있어 국민의 일반적 이해에 기초를 두어야 하는 것은 당연하다. 서양음악의 도입과 함께 국민들의 청감(聽感)은 서양음악에 익숙해져 버렸고 전통적인 기요모토(淸元)[12], 도키와즈(常磐津)[13] 등은 이미 국민들로부터 멀어지고 있다. 국민들의 청감을 만족시켜 줄 수 있는 연극은 부재한 상태이다. (중략) 다카라즈카 소녀가극은 예술적 가치가 빈약하다는 비판에도 불구하고 전통을 살리면서 젊은이들의 사상과 감정에 조응하고 있으므로 자랑할 만하다." [14]

---

11) 小林一三, 「大劇場の反對者へ」『歌劇』, 1923. 6, 5쪽.
12) 기요모토 부시(淸元節)의 준말로 에도 시대 후기 조류리의 한 파에 속하는 샤미센(三味線) 가곡이다.
13) 조류리의 일파로 도키와즈 부시(常磐津節)의 준말이다. 이야기 절반, 노래 절반으로 되었으며, 널리 서민에게 보급되었다.
14) 小林一三, 「再び東京帝國劇場に寶塚少女歌劇を公演するに就て」『歌劇』, 1919. 8, 3쪽.

고바야시는 서양적인 가극과 전통 예술로서의 가부키를 구분하려는 생각에 반대했는데 이는 이러한 이분법적인 사고가 결국 가부키의 현대적 발전을 저해한다고 보았기 때문이다. 모든 공연예술은 시대의 흐름 속에서 변화할 수밖에 없으며, 변화하지 않고 유지만 하려드는 것은 공연예술의 쇠퇴를 가져올 것이라고 보았던 것이다. 그는 새로운 구극(舊劇)의 창조를 위해 가극의 도입이 필요하다는 것을 다음과 같이 역설했다.

> "가부키와 같은 기존의 구극을 보존만 하려는 것은 국민의 사상을 구태의연한 채로 유지하려는 것이다. 시시각각 변화하는 사상을 도외시하고 이전 사상을 동경하는 것은 일부의 의견일 뿐이다. 이는 환상 속에서 즐겁다고 말하는 것과 똑같은 것이다." 15)

이를 쉽게 설명하기 위해서 그는 김빠진 사이다와 맥주, 그리고 다이묘의 성곽을 예로 제시한다.

> "국민의 사상을 억압하면서 과거의 제왕 정치를 찬미하는 것이 가능하지 않듯이 군더더기가 된 것에 돈을 투자하는 것은 마치 김빠진 맥주와 사이다를 보존하는 것과 같다. (중략) 다이묘의 성곽이 다이묘 제도의 전복과 동시에 그 기능이 쇠퇴한 것은 당연하다. 만약 돈으로 이를 보존하려고 해도 그 필요성이 없다면 결국은 도깨비 집이 되고 만다." 16)

이처럼 고바야시는 가부키가 시대의 흐름에 따라 변화할 때만이 진정한 가부키가 될 수 있다고 보았다. 그렇지 않으면 관객의 사상을 어지럽히는 도깨비 집에 불과하다는 것이다. 노래와 무용을 수반하는 전통적 일본 예능의 장점을 살려나가면서 현대인의 취미에 부합해 나가는 것, 다시 말하면 가부키의 개량 또는 가부키의 현대화가 필요하다는 것이다.

---

15) 小林一三, 「保存し得べからざる歌舞伎劇」, 『歌劇』, 1924. 7, 4쪽.
16) 위의 글, 4쪽.

"가부키의 현재성을 살리기 위해 필요하다면 서양음악을 도입하고 동시에 춤과 창가를 첨가시키는 것이 필요하다. 이는 가부키를 아름답게 조화시켜 주기 때문에 진정한 국민극이 될 것이다. 이것이 바로 내가 원하는 '대극장으로 나아가는 연극' 이다." [17]

다카라즈카 소녀가극은 분명히 이러한 대극장운동을 위한 중요한 위치를 맡고 있었다. 다카라즈카 소녀가극에서 행해지고 있는 것을 보면 고바야시가 언급한 것이 충실히 실천되고 있음을 확인할 수 있다. 실제로 초기의 다카라즈카 가극을 보면 현재보다도 훨씬 일본적 요소가 많고 가부키와 분라쿠에서 가져온 공통의 소재를 사용한 것도 적지 않게 눈에 띤다. 예를 들어 1920년의 각본을 살펴보면 4회에 걸쳐 공연되었던 19개의 가극 가운데 11개가 전통물이다.[18] 또한 다카라즈카의 제작진 가운데에는 전통 예능의 전문가들이 다수 참여하고 있었다. 특히 무용에 있어서 간사이(關西)의 무용계를 주도하고 있던 우메모토류(楳茂都流)의 우메모토 리구헤이(楳茂都陸平), 후지마류(藤間流)의 후지마 쇼칸(藤間小勘)등을 영입해 일본 무용의 채색을 부각시키려고 노력했다. 이 시기에 전통 예능은 다카라즈카 교육의 근간을 형성하고 있었던 것이다.

다시 말하면 고바야시가 취했던 것은 전통 연극에 발판을 두고 적극적으로 서양문화의 장점을 취하는 입장이었다. 이렇게 서양의 문화를 도입하면서 이를 전통 가극의 문화 속에 위치하려는 것은 이 시기의 자연스러운 양식이었다. 한 예로 1921년에 메이지좌에서 상연되었던 이치카와 엔노스케(市川猿之助 2세)의 《벌레(虫)》는 가부키에 서양적인 무용과 음악을 결합시킨 새로운 실험으로서 주목을 받았는데, 고바야시는 이에 지대한 관심을 표명하고 있었다. 결국, 다카라즈카는 당시의 서구문물의 동양적 수용의 한 양상으로서의 의미를 간직하고 있었던 것이다.[19]

---

17) 小林一三, 「啓蒙藝術の話」, 『歌劇』, 1926. 1, 4쪽.

18) 《오나츠 가사모노구루이(お夏笠物狂)》 그리고 《핫켄덴(八犬伝)》 등의 전통적인 가극이 이에 포함된다.

2. 새로운 국민극을 위하여

1) 제극(帝劇)의 몰락

고바야시가 가부키의 근대화를 통해 새로운 가극 문화의 창설을 제창할 때, 그의 사상에는 서양으로부터 수입된 음악과 오페라만을 높게 평가하는 사람들에 대한 비판의식이 감추어져 있었다. 그는 서양음악 교육이 널리 보급되면서 어린 세대들이 모두 서양적인 창가에 친숙해지고 있는 현실을 개탄하면서 이러한 식민주의적인 근성을 강하게 비판하였다.

> "서양음악에 정통한 사람들의 말은 대부분 천편일률적이다. 그들은 모든 부분에서 서양음악만을 찬미하고 있다. 그렇지만 어떻게 이 고상하다는 서양음악을 일본에 적용할 수 있을 것인가? 이러한 실제문제에 접하는 경우에 대부분의 사람들은 아무런 생각이 없이 그저 찬미만 하고 있다. (중략) 그들은 서양음악의 견본을 진열하고 하이든, 베토벤, 모차르트, 슈베르트, 바그너, 슈만, 쇼팽 등의 장점만을 언급하면서 서양의 악기와 악보의 활용을 강조한다. 그러나 이 때문에 서양음악을 일본음악에 제대로 적용하지 못하는 심각한 오해가 생기고 있다." [20]

> "지금 활발하게 나타나는 서양음악은 일본 국민의 음악이 아니라 지식계급 또는 특권계급의 고상한 예술로서 여겨진다. 그러나 이는 서양의 것을 그대로 이식하였기 때문에 외국음악을 애호하는 것에 지나지 않는다." [21]

이러한 고바야시의 주장은 실제로 현실에서도 잘 나타나고 있었다. 서양의 오페라를 그대로 일본에 도입하려던 일부 엘리트의 시도가 실패로

---

19) 渡辺 裕, 『宝塚歌劇の変容と日本近代』, 東京: 新書館, 1999, 23-31쪽.
20) 小林一三, 「西洋音楽の普及と堕落との區別」, 『歌劇』, 1921. 1, 3쪽.
21) 위의 글, 3쪽.

확인된 것이다. 1907년에 개장했던 제국 극장은 다도의 폐지, 상연시간의 단축이라는 새로운 관극제도를 도입했다. 그 해 7월에 가극부가 조직되었고 다음 해에는 이탈리아로부터 초빙된 지오바니 로시(Giovanni Rossi)의 감독 아래 활발한 공연활동을 전개해 나갔다. 그러나 대중의 흥미를 끌지 못했던 이러한 공연은 결국 재정 문제에 봉착하게 되었고 결국 1914년 5월에 가극부는 해체되고 만다. 이후 로시는 사재를 털어 아카사카(赤坂)에 로얄관이라는 가극 공연장을 만들고, 제국 극장부의 성원을 중심으로 새로이 활동을 개시했지만 이 역시 결국 경영난에 봉착하게 된다. 그는 1918년 3월에 실의에 빠진 채 일본을 떠나고 만다.

이 시대의 제극(帝劇)과 로얄관에서의 오페라 활동을 보면 무비판적인 서양 문화의 찬미를 확인할 수 있다. 제극 가극부는 이탈리아 가수인 사루코리를 초빙해 《카바레리아, 루스티카나》(부분적으로는 일본어로 상연되었다)를 공연했으며, 특히 로시의 일본방문 후에는 《밤의 숲(夜の森: 헨젤과 그레텔)》(1913년 2월), 《마적(魔笛)》(1913년 6월) 등이 일본어로 번역되어 무대에 올라갔다. 이를 통해 당시의 제극은 기본적으로 서양의 작품을 가져다가 그대로 상연하는 방식이 중심을 이루고 있었음을 확인할 수 있다.

물론 1912년에 상연되었던 《구마노(熊野)》와 같이 일본에서 직접 제작되고, 가부키에서 제재를 취한 오페라도 있었다. 그러나 이러한 시도는 항상 어려움에 직면해야 했다. 예를 들어 《구마노》의 경우에도 원래 도우기 데츠테키(東儀鐵笛)가 작곡 했던 음악이 상연에 이르러서는 제극 관현악부의 지도자였던 융켈의 곡으로 대체되어 버렸다. 결국, 공연은 음악의 부조화로 인해 크게 실패하고 만다. 이처럼 서구지향적인 사람들의 요구는 심각한 문제를 불러일으켰고 이 때문에 제극과 로얄관에서의 공연은 항상 대중의 인기를 얻지 못하고 만다. 결국 일본에서의 초기 오페라는 허무하게 종언을 고하고 말았던 것이다. 고바야시는 이를 다음과 같이 말하고 있다.

> “서양의 가극은 이런 모습이고 그 역사는 이렇다고 하는 것은 사실상 일본인의 눈으로 보면 멀고도 먼 꿈일 뿐이다. 따라서 일본에 서양의 가극을 표준으로 삼으려는 이러한 시도는 어떤 의미도 지니지 못한다.” 22)

고바야시가 비판의 대상으로 삼은 것은 이러한 제극=로얄관류의 오페라 방식이었다. 《구마노》의 상연을 본 것이 다카라즈카 소녀가극의 구상에 하나의 계기가 되었음에도 불구하고 그의 눈에 《구마노》의 시도는 청중과 유리된 일부 특권계급, 지식계급의 공리공론으로 비추어졌던 것이다. 소녀가극은 실제로 이러한 ‘서양 직수입노선(西洋 直輸入路線)’을 반대하면서 전개되어 나갔다. 이 때문에 고바야시의 노선은 가부키 개량을 목표로 하는 가부키 배우들에 의해 호의적으로 받아들여졌다.

마츠모토 고시로(松本幸四郎 7세)는 1916년에 다카라즈카 소녀가극 희곡집 제 1권에서 서양의 오페라를 일본의 예술에 조화하려는 시도를 충분히 이해한다고 하면서 다카라즈카에 대해 다음과 같이 평하고 있다.

> “다카라즈카 가극은 도쿄의 제극에서 때때로 전개되는 가극보다 훌륭하다. 제극이 서양의 곡과 일본어로 번역된 가사를 사용하기 때문에 낯선 감정을 전달해주는 것과 달리 다카라즈카는 곡도 가사도 모두 일본식으로 창작되었기 때문에 잘 조화되고 있다.” 23)

고바야시가 구극인 가부키를 기초로 한 가극 문화를 구상했던 것은 장래 일본 가극 문화를 둘러싸고 벌어졌던 도쿄와 오사카의 노선 논쟁에 있어서 중요한 부분을 차지한다. 이 논쟁은 또한 서양문화의 개방 속에서 서

22) 小林一三, 「日本歌劇の第一歩」, 『歌劇』, 1918. 8, 23쪽.
23) 松本幸四郎, 「成功したる少女歌劇」, 『寶塚少女歌劇二十年史』, 寶塚: 寶塚少女歌劇団, 1933, 15쪽.

양문화를 어떻게 도입해야 하는가라는 점에서 그 의미가 있다. 물론 고바야시는 서양화 부정론자(否定論者)는 결코 아니었다. 그는 종종 자신의 글을 통해 전통적인 일본음악이 힘을 잃어가고 있을 때 서양음악을 적극적으로 도입하는 것이 일본문화의 급선무라고 역설하기도 했다. 여기에서 문제가 되는 것은 서양과 전통이라는 이항대립이 아니라 서양화의 진행 속에서 어떻게 서양의 문화를 받아들여 그것을 일본화하는 방향으로 나아기야 히는가라는 지점이었다.

결국 이 시대의 일본 가극 문화의 상황을 서양 직수입(西洋直輸入)의 제극=로얄좌 노선과 화양절충(和洋折衷)의 다카라즈카라는 이분법만으로 설명하는 것은 충분하지 않다. 한 예로 아사쿠사(淺草) 오페라를 언급할 수 있다. 제극과 로얄좌에서의 공연에 참가하고 있던 성원의 다수는 로얄좌가 해산된 후 아사쿠사 등을 근거로 해서 소위 '아사쿠사 오페라'라고 총칭되는 활동을 전개한다. 그들은 지금까지의 실패를 타개하기 위해 대중화와 통속화 노선을 전개해 나갔다. 상연되었던 가극은 거의 오페레타뿐이었지만 가사들도 "철부지 베아토리양, 아직도 코에서 콧물을 흘리네"의 경우처럼 일본 사람들의 당시 감각에 호소하는 상당히 통속적인 것으로 번안하고 있다. 그러나 엄밀하게 따져 보면 아사쿠사 오페라는 서양의 작품을 일본 사람들이 이해하기 쉽게 받아들여 번안하는 것에 머무르고 있었다. 이 때문에 다카라즈카와는 많은 차이를 느끼게 한다. 신작이 만들어지는 경우에도 가부키 개량과 같은 발상은 거의 보기가 어려웠다. 기본적으로 다카라즈카가 서양적인 요소를 취해서 일본문화를 상당히 개량하려는 생각에 근거를 두고 있는 것에 반해 아사쿠사 오페라의 경우는 제극=로얄좌 계통의 '직수입노선(直輸入路線)'을 여전히 계승하고 있었던 것이다.[24)]

아사쿠사 오페라는 제극=로얄좌류의 본격적 오페라가 대중에 영합해

---

24) 渡辺 裕, 앞의 책, 1999, 32-39쪽.

속화해 버리는 번안형태인 것이었기 때문에 본격적 오페라의 이름에 걸맞는 것은 찾아 볼 수 없다. 당시 '아사쿠사식'이라고 말하면 이는 품격이 누락된 것을 의미하는 말이었다. 『歌劇』 지상에서도 점차 다카라즈카에 대한 비판적인 의견이 나오고 있을 즈음에, "어떠한 경우에도 아사쿠사식의 오페라는 절대로 피해야 한다"라거나 " 《핫켄덴(八犬傳)》 은 결코 아사쿠사식의 속된 것은 아니다" 등의 의견이 전개되고 있는 것을 보면,[25] 아사쿠사에 대한 대중의 평가를 충분히 짐작할 수 있다.

당시에 아사쿠사 오페라가 본격 오페라를 목표로 하기 때문에 다카라즈카의 호적수가 된다고 생각하는 사람은 아무도 없었다. 물론 도야마 에지로(戶山英二郞)를 필두로 아사쿠사 오페라가 개별적으로는 일본의 본격적 가극 문화를 담당하는 인재를 낳았다는 것은 의심할 바 없는 사실이지만 가극 문화의 기본적인 방향성을 포함한 노선논쟁에서 보면 다카라즈카의 화양절충노선은 어디까지나 이미 손상 되어버린 제극=로얄좌류의 직수입노선과는 확연히 다른 이미지로 비추어지고 있었다고 할 수 있다.

2) 대극장주의(大劇場主義)

순수 서양화 노선(純粹西洋化路線)에 대한 비판에 있어서 고바야시의 핵심적 개념의 하나는 바로 국민극(國民劇)이라는 것이었다. 이미 서술했던 것처럼 고바야시는 예술이 일부 특권계급만의 것이 되어서는 안 된다고 강력하게 주장하고 있었다.

> "이전에 가부키는 민중의 예술이었다. 그것은 무사계급이 감상했던 노(能)나 교겐(狂言)에 비해 서민의 생활감각에 근거를 둔 훌륭한 국민극이었다. 그러나 현재의 가부키는 일반 서민의 감상으로부터 유리되어 화류예술이 되어 버렸다. 결국 가부키는 특수한 계층만을 위한 예술이 되어 버렸고 국민일반에 개방되지 않고 있다."[26]

---

25) 黃金冠, 「第三者の言葉」,『歌劇』, 1920. 11, 11쪽.

가부키이든 제극=로얄좌계의 오페라이든 그에게 있어 중요한 것은 일부의 특권계급을 위한 예술이 아닌 국민 전체를 위한 예술이었다. 지지를 잃어버리면 망한다고 생각했던 고바야시에게서 이러한 대극장주의가 나타난 것은 당연한 것이었다.

그는 많은 국민에게 친숙해지기 위해서는 우선 공연의 관람료가 부담이 되지 않아야 한다고 보았다. 가부키나 오페라와 같은 제작비가 많이 드는 대공연의 경우에도 관람료를 올리기보다는 관객 수의 증가를 그 해결책으로 바라보았다.[27] 이를 위해 그는 수천 명을 수용할 수 있는 대극장을 구상하면서 기술적으로는 종래의 전통적 악기로는 무리가 있다는 것을 인정했다. 그는 이 시점에서 서양음악의 오케스트라를 사용하는 것이 필요하다고 판단한다. 또한 대사에 있어서도 대극장에 요구되는 성량을 배우들이 가져야 하며 넓은 무대에서도 쉽게 볼 수 있는 무용을 증가시켜야 할 필요가 있다고 말한다. 연극에 대사와 무용이 일체가 된 장점을 가지고 있는 가부키를 모태로 거기에 서양적인 음악과 무용을 취해 넣는 것이 그의 대극장주의를 위해서는 필수였다.[28]

한편 그는 당시에 마츠모토(松本)가 도톤보리의 나카좌(中座)에서 행했던 개축에 대해 비판하였는데, 그가 보기에 개혁의 의지가 없는 극장에서 행해지는 간지로 이치좌(鴈治郎一座)의 공연에 많은 사람들이 몰려들고 있는 현상은 한탄스러운 것이었다. 그는 이러한 일이 벌어지고 있는 것은 시대의 요구에 부응하는 극장이 없기 때문이라고 하면서 관객들이 어쩔 수 없이 마지못해 보러 가는 것이라고 혹평했다.[29] 이것은 그가 표방하는

---

26) 小林一三, 「再び東京帝國劇場に寶塚少女歌劇を公演するに就て」, 『歌劇』, 1919. 8월, 2쪽.

27) 이러한 그의 생각은 호텔 사업에서도 잘 나타난다. 고바야시는 1935년부터 1936년(쇼와 10년에서 11년) 63세로 처음 구미 여러 나라들을 돌아본 여행에서 당시 세계 최대 규모를 자랑하는 3천 실 규모의 스티븐스 호텔(1945년에 시카고 힐튼으로 된다)에 들러 "객실 수가 많으면 숙박료를 싸게할 수 있다"는 점을 인식, 대중적인 호텔에 관심을 갖기 시작했다. 도미타 쇼지, 유재연 역, 『호텔: 근대문명의 상징』 논형, 2008, 278쪽.

28) 小林一三, 「歌舞伎劇の改善と松竹の 運命」 『歌劇』 1921. 6, 2쪽.

민중에 기반을 둔 국민극이 민중에 영합하는 것이 아니라 계몽의 의도를 가지고 있어야 함을 잘 보여주는 것이다. 이전의 저속한 민중과는 단절하고 근대화된 민중을 위해서 서양문화를 대폭 수용하는 것이 그가 가진 국민극의 개념에는 내재해 있었다. 이처럼 새로운 오락을 제공함으로써 문화를 개선하려는 고바야시의 의지는 여성가극이 아니더라도 이후 그가 도호(東宝)와 도쿄 낙천지(東京樂天地) 등에서 전개했던 문화사업의 저류를 관통하고 있었다.

이와 같은 고바야시의 생각에는 많은 관객을 끌어들이려는 경영자적 감각이 크게 기여를 한다. 민중의 지지를 잃어버리면 망한다고 생각했던 고바야시에게서 이러한 대극장주의가 나타난 것은 당연한 것이었다. 그러나 앞서 언급했듯이 이러한 사고의 밑바탕에는 부호와 지식인들과 같은 일부 특권계급이 아닌 일반 대중의 편에 서려는 그의 자세가 깔려있었다. '민중예술로서의 가극'을 표방하는 이러한 그의 사상은 또한 양차 대전 간의 시대적 분위기를 반영하는 것이기도 하다. 대극장주의를 비판하는 사람들에 대해 그가 행한 반론인 「대극장의 반대자에게」[30]라는 글을 보면, 현재 일부 특권계급에게 빼앗겨 버린 연극을 민중이 되찾는 시대가 도래하고 있음을 그가 강조했다는 것을 알 수 있다. 민중의 힘이 왕성해지고 개혁의 공기가 충만하게 넘치고 있는 시대적 기운을 뻔히 알고 있으면서 이로부터 벗어나지 못하는 태도는 그의 맹렬한 비판 대상이 되었다. 시대의 공기를 무시하고 단지 옛날 그대로의 연극방식을 고수하려는 보수적인 예술진영을 그는 이해하지 못했던 것이다.

다른 한편 고바야시는 신극(新劇)과 같은 실험적인 연극에 대해서도 그것이 일부 지식층의 이상에 지나지 않는 사상의 누각이라고 평했다.

---

29) 小林一三, 앞의 논문, 2쪽.
30) 小林一三, 「大劇場の反對者へ」, 『歌劇』, 1923. 6, 2쪽.

"서양 직수입 진영은 가부키에 나타나고 있는 특권계급에 대한 비판의식을 보지 못한다. 오히려 그들은 스스로를 민중으로부터 유리시켜 자기만족에 빠져 있다." 31)

연극이 특권계급만의 것이어서는 안 되며 다수 국민을 위한 것이어야 한다는 그의 사상은 정치적 측면에서는 보통선거의 지지로 나타난다. 그는 『노농러시아(労農ロシヤ』에 민중을 위한 정치적 유토피아가 실현되어야 한다고 인용하기도 했는데[32] 이 모든 것이 당시 민중문화를 지향하려는 다이쇼 민주주의의 분위기를 잘 설명해준다.

이상가라기 보다는 실행가로서 스스로를 인식하고 있던 고바야시는 이러한 민중노선을 구체적으로 추진해 나갔고 그 결과의 산물이 바로 1924년에 완성된 다카라즈카 대극장이다.[33] 4,000명 이상을 수용할 수 있는 대극장의 공연 관람료는 일률적으로 30전이었고 신온천의 모든 시설을 모두 포함해도 1엔에 미치지 않았다. 당시에 도쿄의 제극(帝劇) 관람료가 가장 싼 좌석이 30전, 최고로 비싼 좌석이 2엔에서 3엔 사이였던 것과 비교해보면 이는 민중노선의 중심에 서있던 고바야시의 입지점을 잘 보여준다고 할 수 있다.

물론 고바야시는 사회주의자는 아니었다. 그의 경영자적 감각에 비추어 볼 때 그가 생각하는 민중에는 독특한 의미가 내포되어 있음을 지적해야만 한다. 『歌劇』에 게재된 문장에서도 혁명적인 사회 전복의 성격을 찾아보기는 쉽지 않다. 다만 다카라즈카 소녀가극은 고바야시가 미노아리마덴키를 통해 대규모로 전개했던 일종의 교외 유토피아 구상의 일환이었다. 고바야시가 제시하고자 했던 것은 이 시대에 새로운 계층으로서 등장했던 신중산층이라고 불리는 중류 샐러리맨을 위한 것이었다.

---

31) 小林一三, 「民衆藝術の內容」, 『歌劇』, 1926. 1, 2쪽.
32) 小林一三, 위의 논문, 2쪽.
33) 당시에 일본 최대의 극장인 제국극장의 좌석 수는 600석이었다.

다시 정리하면 고바야시의 사상은 민중의 힘이 전면에 나오고 있던 시대적 분위기를 반영하는 것이었다. 다만 그가 상정하는 민중의 이미지는 쁘띠 부르주아적인 엘리트를 위한 것이었다. 그러나 그가 서양 직수입과 가부키 개량의 두 노선 대립의 와중에서 취했던 전략을 상기한다면 그것이 극히 일부의 엘리트를 대상으로 하지 않았다는 것도 당연히 지적해야만 한다. 그는 서양적인 요소를 전통 문화와 절충해나가면서 새로운 국민문화를 만들려고 했던 것이다. 이러한 그의 구상은 한편에서는 서양적인 요소를 적극적으로 취해 생활개선을 이루어 나가고, 다른 한편에서는 근대적인 서양관을 배척하는 것이었다. 실제로 근대적 모델의 대표격으로서 1922년에 주택개조 박람회에 모습을 보인 서양식 주택은 당시에 상당한 인기를 끌었고, 고바야시는 이를 무조건적으로 배척하지는 않고 있었다. 다카라즈카도 이처럼 서양식 모델의 일본적 수용의 중요성을 이미 엘리트파의 제극=로얄좌 노선을 통해 확인한 바 있었다.

3. 근대문화 형성기 오사카의 상징성

1) 오사카 문화론

다카라즈카에 관해 지금까지는 주로 『歌劇』에 실린 고바야시의 글을 근거로 해서 일본의 근대화 과정에서 서구문물의 수용문제를 설명하였다. 그러나 다카라즈카의 문제는 단순히 고바야시 개인의 문제는 아니었다. 그것은 다른 한편으로는 일본 내부에서 벌어지고 있던 예술에 대한 두 가지 관점을 잘 반영하고 있는 문제이기도 했다. 여기에서는 당시에 첨예한 갈등을 벌이고 있던 도쿄와 오사카의 예술관을 살펴보고자 한다.

고바야시가 자신의 주장을 펼쳐 나아갈 때 그 기반이 되었던 것은 바로 오사카를 기반으로 한 새로운 문화의 건설 움직임이라고 말할 수 있다. 이 움직임은 우선 제극(帝劇)=로얄좌계는 서양직수입형(西洋直輸入形) 가극이라고 상정하면서 자신들의 구상을 펼쳐 나갔다. 이 시점에서 중요한 인물이 바로 다나베 히사오(田邊尙雄, 도판 9)이다. 다나베는 일본에서 음악학의 초석을 쌓은 사람이라고 말해지며 후에는 동양음악 학회 설립의 중심인물이기도 했다. 그에 관해서는 일반적으로 아시아 및 일본 음악의 연구자로 알려져 있지만 서양음악에 대해서도 많은 저작이 남아있다.

도판 9. 다나베 히사오

『歌劇』에는 다나베의 논고가 3편 게재되어 있다. 그는 이 글에서 다카라즈카 소녀가극의 내용을 구체적으로 논의하고 있지는 않지만 다카라즈카에 대한 긍정적 의견을 피력하고 있다. 『歌劇』 제 1호의 권두 논문에서 「일본 가극의 서광으로서의 다카라즈카 소녀가극의 전도」를 통해 그는 우선 일본 음악문화 전체의 태도와 분위기를 서술한다. 그리고 당시 도쿄에서 태동했던 가극의 움직임이 모두 시들해진 것에 대한 책임을 경영자와 도쿄의 관객들에게 돌린다. 이에 반해 다카라즈카의 성공에 대해서는 고바야시와 오사카 인사들의 예술관을 높이 평가하였다.

이후 『歌劇』 제 4호에 게재되었던 「음악대전(音樂大戰)」이라는 글에서는 그가 약간 태도를 바꾸었다는 것을 알 수 있다. 그는 다카라즈카에서 행한 강연에서 다음과 같이 말하였다.

> "하이칼라의 젊은이들이 서양음악을 도락(道樂)으로서 생각하고, 서양음악을 상식선에서 비판할 수 없는 비상하고 어려운 것으로 생각하는 것은 서양의 추상적 이론에 갇힌 편견에서 비롯된다."[34)]

이는 고바야시가 '사상의 누각'이라고 부른 일부 지식계급의 서양직수입의 형태와 동일한 논리이지만 다나베의 생각에는 이 문제가 그와 같은 사람들의 단순한 태도와 개별적 문제가 아닌 오히려 음악관과 예술관의 근본적 사고방식의 차이에 관계된 문제였다.

다나베는 서양음악의 역사를 독일과 오스트리아의 중심의 튜튼 음악과 프랑스, 이탈리아 중심의 라틴 음악이라는 두 모델로 나누어 설명하고 있다. 그는 기존의 도쿄음악이 이러한 시스템 본위의 튜튼 음악에 젖어있다고 비판하면서 이에 반해 감정 본위의 음악인 라틴 음악이 더 높은 가치를 가지고 있다고 평가한다. 그의 설명을 직접 들어보자.

> "음악을 시스템화하는 것은 튜튼 음악의 본질로서 그것은 차가운 것을 의미한다. 이에 반해 뜨거운 마음으로부터 우러나오는 라틴 음악을 발전

34) 田邊尙雄, 「音樂大戰」, 『歌劇』, 1919. 4, 6쪽.

> 시켜 세계적으로 선전하는 일이 세계 공통, 인류 공동의 목적으로 중요시 된다. 그리고 이러한 중대한 사명에 일본이 동참해야 한다." 35)

다나베는 이처럼 '라틴계적 음악'을 높이 평가하면서 제 1차 세계대전에서 독일이 패배한 것도 이러한 음악과 긴밀히 연결되어 있다고 본다. 그는 현재 과학의 힘, 그리고 시스템적인 힘이 승리를 가져올 수 없는 것이 증명되었으므로 이제는 라틴계 문화를 추구해야 하며 일본이 이에 봉사해야 한다고 주장한다. 다나베의 제극=로얄좌계의 문화에 대한 비판은 이와 같은 이항대립의 도식을 근본으로 하고 있다. 다나베는 일본은 원래는 라틴적 정서를 가진 민족이라고 말하고 있다.

> "원래 정서적으로 일본인은 시스템 본위의 독일 음악과는 거리가 있다. 구주의 실제 경향을 잘 음미하기 위해 베토벤을 신성시하는 태도는 일본인에게 서양 음악의 진정한 맛을 이해하지 못하게 한다." 36)

> "게다가 일본의 도쿄는 현재까지 독일 음악의 이론에 심취하고 있다. 현재 독일 음악을 숭배해서 추구하는 나라는 세계에서 일본의 도쿄, 특히 우에노(上野)의 음악학교뿐이다." 37)

이처럼 로고스 중심의 독일 음악문화를 패권주의로 생각하는 다나베의 주장에는 대개 탈근대를 모티브로 하는 음악론이 깔려 있다. 또한 도쿄의 음악학교를 비판하면서 그는 명백히 오사카의 예술 역량을 높이 평가하고 있다. 그리고 오사카 문화의 핵심으로서 다카라즈카를 바라보았던 것이다.

그는 이탈리아 음악의 부흥이 수도인 로마를 중심으로 일어나지 않고 상업 도시인 베네치아에서 일어난 사실을 언급하면서, 도쿄보다는 이제

---

35) 위의 글, 6쪽.
36) 위의 글, 15쪽.
37) 위의 글, 15쪽.

오사카에서 미래를 열 새로운 음악이 나타날 것이라고 굳게 믿고 있었다.

다시 한 번 정리해 보면 다카라즈카 가극은 서양 직수입형 대 가부키 절충형이라는 일본문화의 근대화를 포함하는 노선논쟁의 성격을 반영하고 있으며 다나베의 논의로부터 이러한 관주도의 도쿄와 민간주도의 오사카 이라는 이분법적 구도가 잘 설명되고 있다. 그는 다카라즈카를 오사카 문화를 대표하는 문화적 상징으로 보면서 이제 민주도(民主導)의 문화라는 새로운 담론을 만들고자 했던 것이다.[38]

2) 오사카 자립론

『歌劇』에는 다나베 이외에도 다카라즈카를 도쿄와 오사카의 대립구도 속에서 보려는 사람이 또 있었다. 그가 바로 츠보우치 쇼요(坪内逍遙, 도판 10)이다. 그 역시 오사카의 독자적인 문화가 필요하다고 강조한 사람이었다.

기자키 마나요시(木崎愛吉)의 「오사카의 문화와 예술」[39]에는 츠보우치가 썼던 신문기사가 소개되고 있는데, 이곳에서 그는 새로운 민중예술은 오사카와 같은 산업의 도시, 물질문명의 총본산, 일본 경제체제의 대도시로부터 출현되어야 한다고 말하면서 다카라즈카의 가능성을 언급한다. 오사카의 가능성은 문화의 중앙집권에 반대한다는 점에서 의미가 있다고 본 것이다.

> "본래 나는 문예의 중앙집권화에 반대해왔다. 현재 도쿄만이 일본의 신문화(新文化) 원천으로 고려되고 있는 것에 나는 반대한다. (중략) 도쿠가와 시대에는 그 말기까지도 교토, 오사카, 에도가 문화적으로 충분히 발전했었다. 또한 다른 지역에서도 자신만의 특수한 문화를 가지고 있는 도시가 많아서 서로가 절차탁마한 작용을 거치고 있었다. 그러나 메이지

38) 渡辺 裕, 앞의 책, 1999, 54-59쪽.

39) 木崎愛吉, 「大阪の文化と藝術」, 『歌劇』, 1922, 4, 36쪽.

이후에는 도쿄만이 모든 예술의 발상지가 되고 말았다. (중략) 오사카는 상업의 이윤을 통해 이러한 독자적인 문화를 이루어나갈 수 있는 도시이다. 현재 도쿄모방에 급급한 태도는 중지되어야 한다. 도쿄가 외국을 모방하고 이러한 도쿄의 문화를 다시 다른 도시가 모방하는 방식은 최저의 예술을 낳을 것이다." 40)

도판 10. 츠보우치 쇼요

츠보우치는 서양문화의 접촉을 통해 근대화를 추진할 수 있다는 생각을 부정하지는 않았다. 그는 1904년에 『신라쿠 게키론(新樂劇論)』을 발표하고 이후 가부키 개량의 필요성을 역설하였으며 실제 1908년에는 『신쿄

---

40) 위의 글, 36쪽.

쿠우라시마(新曲浦島)』, 『오나츠쿄란(お夏狂亂)』 등을 통해 이러한 그의 사상을 실천하기도 했다. 1909년에 저술한 『와카노 우라(和歌の浦)』에 양악을 도입한 것을 보면 그가 고바야시의 사상과 아주 근접해 있음을 확인할 수 있다.

이처럼 고바야시와의 동일선 상에서 그는 '구극개량'의 노선을 추진해 나갔던 것이고 그 시점에서 다카라즈카를 지원한 것은 당연한 일이었다. 그는 관주도의 도쿄방식이 전국을 하나로 지배하려는 상황에서 독자적인 문화를 꿈꾸고 있던 것이다. 다나베와 츠보우치의 다카라즈카에 대한 평가는 바로 이와 같은 배경을 기반으로 해서 사고되고 있었다.

다카라즈카가 이와 같은 대립구도 상에 놓인 이후 양상은 희화적인 형태로 전개되었다. 1919년의 『歌劇』 제5호에 게재된 모리노 요쿠지(森野綠兒)의 「소녀가극시비록(少女歌劇是非錄)-ABC의 대화」[41]는 '도쿄의 의기충천한 남자'와 '오사카의 붙임성 있는 남자'라는 대립 구도에서 대화의 형식을 취해 글이 전개된다. 거기에서 도쿄의 남자는 다카라즈카를 전철회사의 광고에 지나지 않는다고 힐난하면서 다카라즈카의 성공은 우연히 유행을 탓을 뿐이라고 비판했다. 이에 반해 오사카 남자는 제극=로얄관을 거론하면서 이러니저러니 아무리 이유를 들이대도 도쿄의 오페라는 완전히 쓸모없는 것이라고 하면서 경영자는 사회의 실제를 잘 보아야 할 것이라고 말했다. 그는 또한 도쿄 경영자의 두뇌는 이상과 공상으로 가득 차있다고 하면서 다음과 같이 말한다.

> "진실로 당신도 똑같은 모양이군요! 예술, 예술 그것이 무엇인가 실제로는 난해한 수입말로 마구 지껄이고 있으니 한심하지 않은가!." [42]

41) 森野綠兒, 「少女歌劇是非錄-ABCの對話」, 『歌劇』, 1919. 8, p.19.
42) 위의 글, 1919. 8, p.19.

전철회사의 경영자 이론이 무엇이 문제인가라고 말하는 '오사카 남자'의 태도는 경제적 우위와 민간 주도의 문화를 통해 도쿄에는 존재하지 않는 새로운 문화의 가능성을 잘 보여주고 있는 것이다.[43)]

3) 오사카의 경제상황

19세기 마지막 수십 년 동안 오사카는 '극동의 맨체스터'라는 애매한 별칭으로 불렸다. 이것은 일본의 산업 발전에서 오사카가 담당했던 성장엔진으로서의 역할을 칭송하는 것이기도 했으나 동시에 그 도시화의 매우 우울한 상태를 비꼰 것이기도 했다. 더럽고 오염된 도시인 오사카에서 수많은 면직물 방적공장의 굴뚝은 연기를 뿜어댔다. 맨체스터와 같이 오사카는 촘촘한 운하와 강이라는 네트워크를 통해 석탄과 원면을 흡수하여 생산하고 그렇게 생산한 제품을 판매하고 있었다.

20세기 초에 오사카는 일본의 제1의 산업 및 상업도시로서의 지위를 유지했다. 몇몇 지표는 그러한 압도적 지위를 확인하게 해준다. 예를 들어 1873-1882년에 고베와 오사카 항구의 물동량은 두 도시를 다 합쳐도 요코하마(横浜)의 29퍼센트에 불과했다. 그러나 1923-1932년에 이 두 도시는 요코하마의 180.6퍼센트에 이르렀다. 5인 이상 고용한 기업들을 대상으로 한 1926년의 다른 통계를 보면 산업 생산량은 일본 전체가 71억 5,400만 엔이었는데 면 방적공장과 제철공장을 가진 오사카가 이 중 12퍼센트를 차지했다. 반면 도쿄는 겨우 5.1퍼센트에 그쳤다.[44)]

오사카는 근세 에도(江戸)시대부터 이러한 지위를 획득하기 시작해 1887-1904년과 1904-1930년의 기간을 통해 그 지위를 공고히 했다. 이 두 번의 기간 동안 산업은 비약적으로 발전했으며 사회 기반시설은 충실히

---

43) 渡辺 裕, 앞의 책, 1999, 60-64쪽.

44) Claude Hamon, "Urbanité Moderne et Massification: Osaka et la Culture Hankyû (1905-1940)", Jean-Jacques Tschudin et Claude Hamon(dir.), *La Modernité à l'horizon: La culture populaire dans le Japon des années vingt*, Editions Philippe Picquier, 2004, p. 64.

갖추어졌다.

1905년과 1911년 사이에 우메다(梅田)와 난바(難波)같은 중요한 역 주위에서 벌어진 수로 건설은 1910년대의 산업적 도약에 크게 기여했다. 그러나 일본의 경제적 번영은 1919년에 단기적으로 중단되었고, 1920년대에는 구조적 불균형과 사회경제적 불안정으로 사회적 위기를 경험했다. 이후 1930년대에는 오사카에서의 지하철 건설과 포장도로에 기초해 사회기반시설 차원에서 비약이 이루어졌다.[45)]

이러한 오사카의 산업 발전은 도쿄의 고위 공무원들에 대해 잠재적인 적대심을 품었던 지방엘리트들의 노력 덕분이었다. 그리고 이러한 노력은 정치적 간섭을 덜 받았던 경제 부분에서의 성공으로 나타났다. 고바야시 이치조는 1935년의 한 선언문에서 이러한 상황을 다음과 같이 표현했다.

> "도쿄에서는 사업 활동이 사회 구석구석에 스며들어 있는 정치 상황에 크게 휘둘린다. 도쿄에서는 모든 기업들이 이러한 상황에 놓여있다고 이야기해도 크게 틀린 말은 아니다. 도쿄의 가장 유명한 기업들은 정치라는 바이러스에 오염되어 있다. (중략) 이러한 관점에서 볼 때 오사카에서 일하는 것은 매우 행복한 일이다. 우리는 정치와 어떠한 관련도 맺지 않고 있다. 두 세계가 완전히 분리되어 있다는 점에서 우리는 염려할 것이 없다. (중략) 간단히 말해 간사이 지방의 기업인들은 도쿄의 기업인들과 달리 정치와 멀리 떨어져 중심을 잡고 있다. 나는 이 때문에 그들에게 매우 큰 존경심을 표하고 싶다." [46)]

우리는 오사카의 정치로부터의 '거리두기'가 철도 네트워크와 각 역의 조직에서도 잘 발현되고 있음을 확인할 수 있다. 도쿄와 나고야에서 국철과 사철(민간철도)의 역 간에는 협조의 분위기가 형성되어 있었다. 이 두 도시는 동일한 역 안에 존재하기도 하고 동일한 선로를 사용하기도 한다.

---

45) *Ibid.*, pp. 64-65.

46) 原武史,『「民都」大阪対「帝都」東京―思想としての関西私鉄』, 講談社, 1998, 97쪽.

그러나 간사이 지방의 대도시에서는 그런 일이 없었다. 요도가와(淀川) 강에 가깝고 오사카와 우메다 역이 존재하는 북쪽 지역과, 미나토마치(湊町)와 난바 역이 위치하고 도톤보리(道頓堀) 운하에 가까운 남쪽 지역 간에는 전통적으로 대립관계가 형성되어 있었다. 여기에 더해 국철 역인 오사카 역과 미나토마치 역은 사철역인 우메다 역, 난바 역과 각각 아무런 연결통로도 없었다.[47]

그러나 산업 발전으로 시내가 더러워지자 차츰 오사카 주변에는 정원이 딸린 아담한 집을 짓고 사는 사람들이 늘어나기 시작했다. 이러한 현상은 상대적으로 안락한 생활을 영위하는 중산층 도시 임금 노동자들의 등장을 의미하는 것이었다. 이들은 더욱 좋은 집에서 살며 빠른 대중교통수단을 누리고 서구화된 여가를 즐기고 싶어 했다. 그러나 이런 계층은 2차 세계대전 이전까지는 일본의 기업가들에게 의미 있는 존재들이 아니었다. 어떤 기업가들도 자전거, 선풍기 등과 같은 내구재 중심의 대규모 소비시장을 지향하는 산업 활동을 하려고 하지 않았다. 바로 이 점에서 우리는 고바야시 이치조의 업적을 다시 한 번 높이 평가할 수 있다. 그는 철도운영, 주택 건설 및 분양, 대형백화점 운영, 온천 주위의 놀이공원 건설, 여성으로만 이루어진 가극 창설, 야구장 건설, 영화사 설립 등의 여러 사업을 결합함으로써 바로 이러한 시대적 요구를 적극적으로 수용했다. 그의 이러한 사업 구상은 이후 여성과 현대 핵가족을 중심으로 한 소비 모델을 창조하는 데까지 나아갔다.[48]

47) 여전히 우메다 한큐 역에서 오사카 JR역으로 가기 위한 직접적인 통로가 없어 비가 오는 날이면 승객들이 우산을 펼친 채 노상 통로를 이용하는 모습을 볼 수 있다.

48) 이와 관련하여 도큐그룹(東急グループ)의 창시자인 고코게이타(五島慶太)는 "도큐의 경영은 전부 고바야시 이치조의 사상을 답습해 왔다"고 말했다.

4) 고바야시의 사업

4-1) 철도와 택지 개발

간사이 지역에 대한 고바야시 이치조(도판 11)의 관심과 헌신에도 불구하고 그는 이 지역 출신이 아니었다. 그는 야마나시 현의 기타코마 주에 있는 니라사키에서 1873년 1월 3일에 태어났다. 그의 아버지는 생사와 사케를 파는 도매상인이었다.[49]

도판 11. 다카라즈카의 창립자 고바야시 이치조

49) Claude Hamon, *op. cit.*, 2004, p. 69.

어린 시절 고바야시는 꿈 많은 문학 소년이었다. 그는 시간이 날 때마다 정기적으로 연극, 마술쇼 그리고 그 밖의 예술 공연을 보러 다녔다. 특히 소년기에 그는 가부키에 매료되었으며 이후에는 영화, 텔레비전 등에도 관심을 보인다. 고등학교 시절에는 학교 신문 기자로서 활동하였고, 2년 후에는 학교 선생에 의해 살해당한 한 소녀의 실제 사건을 배경으로 한 소설을 써 신문에 기재한다. 그런데 그의 글이 너무나 사실적이어서 경찰들은 그를 범인으로 지목하기도 했다고 한다. 1892년에 게이오(慶應) 대학을 졸업한 후 그는 미츠이(三井) 은행에서 근무한다.

이후 1905년 고바야시는 한카쿠 철도(阪鶴鉄道)라는 민간회사의 감사역을 맡으면서 한카쿠 철도의 해산 작업과 새로운 철도회사의 신설 작업을 담당한다. 그런데 당시 허가된 철도주변은 온통 논밭과 산악지대뿐이어서 세상 사람들은 "철도회사가 설립되면 아마 산속의 너구리나 논바닥에 서있는 허수아비나 타고 다닐 것"이라고 비아냥거렸다.[50]

그럼에도 불구하고 그는 일을 계속 추진해 미노아리마덴키(箕面有馬電軌) 회사를 분리, 창설한다. 그리고 1910년 3월 10일에는 이시바시(石橋)역으로부터 오사카 북쪽방향으로 미노(箕面)에 이르는 철도와 북서쪽으로 다카라즈카에 이르는 선로를 건설한다. 북서쪽으로 가는 선로는 원래는 다카라즈카보다 더 먼 아리마(有馬)까지 건설하는 것이 계획이었지만 경기침체로 자금융통이 어려워 원래의 계획을 실행할 수 없었다. 이렇게 선로는 놓았지만 문제는 이 두 선로가 도시를 따라 건설된 것이 아니었다는 데서 발생했다. 승객은 많지 않았고, 수지타산을 맞추기는 매우 힘들어 보였다. 이에 대한 해결책으로 고바야시는 철도 이용 고객을 늘리기 위해 선로를 따라 주택용지를 분양하는 사업을 추진했다. 그는 선로 주변의 땅에 대해 전원적이며 여가를 즐길 수 있는 곳이라고 대대적으로 선전했다. 이를 담당하기 위해 택지 개발회사를 이미 1907년부터 운영했다. 이 택지 분

50) 박현경, 「다카라즈카에 관한 연구: 성립과 변천을 중심으로」, 중앙대학교 교육대학원 석사학위논문, 2003, 31쪽.

양사업은 오사카의 화이트칼라 노동자들의 인기를 얻었고, 오사카 서부근교는 빠르게 도시화되었다.[51)]

그는 또한 철도 표가 너무나 비싸다는 것에 불만을 가지고 있었고 이를 위해서는 많은 사람들이 이용함으로써 이득을 증가시키면 된다고 보았다. 그는 철도를 사람들이 많이 이용하기 위해서는 무언가 그들을 유인하는 것이 있어야 된다고 보았고, 그 해결책을 다양한 오락 시설과 공연 예술에서 찾았다. 다카라즈카 여성가극은 이미 이 시대부터 기획되고 있었던 것이다. 이외에도 그는 종착역의 가치를 올리기 위하여 미노에는 철도개통과 함께 동물원을 개방했으며 다카라즈카 시에는 새로운 온천을 개장했다. 다카라즈카 온천 역은 번쩍이는 네온 조명으로 장식되는 등 매우 서구적인 스타일을 지향했다.[52)]

고바야시의 이런 모든 사업에는 그가 생각한 독특한 민중=소비자라는 개념이 숨어있었다. 『歌劇』에 게재된 문장에서도 그가 혁명적인 사회 전복의 성격을 민중이라는 단어에 부여하지 않았음을 확인할 수 있다. 고바야시가 제시하고자 했던 것은 이 시대에 새로운 계층으로서 등장했던 신중산층이라고 불리는 중류 샐러리맨을 위한 유토피아의 건설이었다.[53)] 이를 위해 핵심적인 것이 앞서 언급한 척박한 땅에 철도를 부설하고 그 주위에 대규모의 분양주택을 만드는 택지 개발 사업이었다.

---

51) 주택 경영은 1910년 이케다무로마치(池田室町) 지구의 분양을 비롯해 다음 해 6월에는 사쿠라이(櫻井) 주택토지를 매각하기 시작해, 1920년대에 걸쳐 도요나카(豊中), 오카모토(岡本) 등 교외주택지가 이어서 개발된다. 실제 1920년대 초까지 오사카로의 인구집중과 도시환경의 악화가 도쿄보다 심각했다. 도쿄에서는 관동대지진 후의 부흥 사업을 통해 교외개발이 본격화하지만, 오사카, 고베 간에는 그것보다 일찍 교외가 부상했다. 박현경, 앞의 논문, 31쪽.

52) Claude Hamon, *op. cit.*, pp. 70-71.

53) 야마모토 아키라(山本明)는 그들의 경제력에 대해 "다이쇼 지식계급이 부재 지주와 고급 관리, 경영자 등의 유산층이었던 것에 비해서, 1920년대 후반의 지식 계급 대부분은 화이트칼라였으며, 자택의 신축, 개량이 경제적으로 큰 부담이었다"고 보았다. 그들은 자본가와 노동자의 중간에 위치하면서, 때때로 '양복 입은 영세민', '허리에 차는 도시락(하급 월급쟁이)'등으로 불리기도 했는데, 이들이야말로 근대 도시생활의 원형을 만들어낸 일꾼이기도 하다, 하츠타 토오루, 이태문 역, 『백화점: 도시문화의 근대』, 논형, 2003, 219-220쪽.

도판 12. 다카라즈카 역

도판 13. 한큐 철도

미노아리마 회사가 한신 고속전철(축약해서 한큐, 도판 12, 13)로 이름을 바꾼 것은 1918년 2월 4일이었다. 이 회사명은 일본에서 처음으로 사용한 두 단어인 고속과 전철을 포함하고 있었다. 이후 이 용어는 일본에서 널리 사용된다. 2년 후인 1920년 7월에 한큐는 동시에 우메다에서 출발하는 고베선과 아마가사키(尼崎)의 도시인 스카구치(塚口)에서 출발하는 이타미(伊丹)선을 제공하기 시작하면서 더욱 사업을 확장하기 시작했다.[54]

4-2) 백화점

고바야시는 또한 철도 이용자를 늘리기 위해 역에 백화점[55]을 건설할 계획을 세운다.[56] 그는 백화점에서 쇼핑을 하기 위해 많은 사람들이 철도를 이용할 것으로 보았다. 결국 이러한 꿈은 1920년 11월 우메다에 5층의 쇼핑 건물을 세우는 것으로 실현되었다. 그는 이곳에 카레 음식을 전문으로 하는 식당, 잡화점, 서점 등을 매장에 설치했는데, 특히 식당이 큰 성공을 거두었다.[57]

고바야시는 또한 1925년 6월 1일에 한큐 마켓이라는 슈퍼마켓을 이곳에 설치했다. 이 마켓을 위해 1층을 승객대합실, 2층과 3층을 마켓으로 하고, 식당은 4층과 5층으로 옮긴다. 식당과 마켓 모두 각각 그 면적이 2배로 넓어졌다. 식당 손님도 마켓 개업으로 인해 급증하여, 개업 첫해엔 1일

---

54) Claude Hamon, *op. cit.*, p. 63.

55) 'Department Store'의 일본 번역어로 '백화점'을 사용하는 것이 일반적인데, 백화점이라는 번역어가 처음부터 정해져서 사용된 것은 아니다. 요코가와 다미스케(横河民輔, 1864-1945, 건축가)가 미츠이 오복점(吳服店)의 의뢰를 받아 메이지 29년(1896)부터 다음해에 걸쳐 미국으로 건너가 작성한, 디파트먼트 스토아에 대한 조사보고서에는 '잡화진열판매소'라는 용어를 사용한다. 그리고 메이지 말기에는 '소매대상점' 등으로 번역하는 일도 많았다. 쇼와 초기 무렵이 되어도 백화점이라는 용어는 통일되었던 것은 아니었고, "소매대점포, 백화상점, 백화점 등의 호칭도 있으며, 원어 그대로 적용되는 일이 많았다"라고 한다. 시간이 흐르면서 백화점이라는 용어가 차츰 일반화되어 갔던 것인데, 백화점이라는 표현을 처음으로 쓰기 시작한 것은 상점경영의 연구자이자, 도분칸(同文館)에서 발행하고 있었던 「상업계」의 주간이기도 한 구와타니 사다이츠(桑田定逸)였다고 한다. 하츠다 토오루, 앞의 책, 2003, 86-87쪽.

56) 미노아리마 선의 승객은 꾸준히 증가하여 1914년에 19만 명에서 1918년에는 43만 명이 되었다.

57) 중년고객층을 중심으로 「한큐카레」 의 이름으로 친숙해진 750엔의 카레라이스는 지금도 매출액 순위에서 10위 이내에 드는 인기메뉴이다.

평균 3,337명이었던 손님이 1927년에는 4,718명까지 늘어난다. 마켓 경험이 없는 전철회사가 비경험자만으로 경영하는 것이었기 때문에 개설 무렵부터 신중한 조사가 이루어졌다. '한큐 마켓 준비위원회'가 만들어졌으며, 미국까지 출장을 가 현지 마켓 조사를 실시하기도 했다. 특히, 무엇을 상품으로 판매할 것인가가 가장 큰 문제였는데, 이에 대해 위원회의 보고는, "고객은 당사 우메다역 승하객을 상대로 할 것. 가장 순환률이 높은 곳을 판매하는 것이 좋은데, 제일 먼저 식료품을 취급하는 것이 적당. (중략) 고객 유인책으로는 식료품 이외에 작은 세간, 서적, 간단한 가정용품, 약품 등을 취급할 것"이라는 결론에 이르렀다. 식당 및 마켓으로의 출입은 이 무렵 백화점들이 시도하기 시작한 신을 신은 채 그대로 입장시키는 방법을 택한다. 여기서도 고객층을 한신 급행전철의 승객에 맞춰 출발하였다는 것을 알 수 있다.[58)]

이후 1929년 4월 15일에는 리모델링을 해, 지상 8층, 지하 2층의 한큐 백화점을 세운다. 현재 일본의 대표적인 사업방식의 하나인 터미널 백화점이 처음으로 탄생한 것이다.[59)] 우선 고객들은 최상층으로 올라가 그곳에서 식사를 할 수 있다는 것에 크게 매료되었다. 가장 높은 층이었던 8층에는 대중적 취양의 카페테리아가 있었는데 처음에는 그곳에서 소스-라이스(sauce-rice)만을 주문할 수 있었다. 이 음식은 밥과 양념된 반찬을 먹는 것이었는데 가격은 3전이었다. 7층에는 중국음식점과 일본음식점이 있었다. 식사 후에 고개들은 이 소비의 신전 내부에서 쇼핑을 했다. 1932년 마이니치신문에 따르면 한큐 레스토랑은 평일에는 1만 8천명이 식사를 했고 주말이나 공휴일에는 3만 명이 이곳을 찾았다고 한다.[60)] 주문은 선불로

58) 하츠다 토오루, 앞의 책, 2003, 217-218쪽.
59) Claude Hamon, *op. cit.*, 2004, pp. 78-79.
60) 1936년에 최대 정점에 도달했는데 당시에는 평일에 2만 5천명이 식사를 했고 일요일과 공휴일에는 6만 5천명이 이곳을 찾았다. 그곳에서는 대략 매일 10마리의 소, 1.5톤의 배추, 1.8톤의 감자, 600킬로그램의 계란, 23석의 쌀이 소비되었다고 한다. 橋本雅夫, 『阪急電車青春物語』, 草思社, 1996, 48쪽.

우선 식권을 사야만했다. 종업원들은 모두가 똑같이 "어서 오십시오", "무엇을 주문해드릴까요", "감사합니다" 등으로 손님을 맞이했다. 그러나 이 말 이외에는 고객들과 대화를 나누는 것은 금지했다. 레스토랑의 현대적 경영 방식은 바로 이 시기부터 일본에 확산되었다고 할 수 있다.

이러한 방식은 사철 역에 있는 다른 백화점에서도 동일하게 나타났다. 도쿄, 특히 시부야(渋谷)의 도큐(東急), 이케부쿠로(池袋)의 도부(東武) 혹은 세이부(西部), 오사카 난바 역의 다카시마야(高島屋)도 바로 이런 방식을 따라했다.[61)]

도판 14. 우메다의 한큐 백화점 (2005년)

이러한 터미널 백화점은 철도선을 따라 도시가 발전하는데 크게 기여했다. 사치품이라는 이미지를 양산시켰던 미츠코시(三越) 백화점과는 달리 한큐 백화점은 음식과 일상 잡화에 초점을 맞추고 있었다. 생산물의 종류

61) Claude Hamon, *op. cit.*, p. 80.

와 매장의 크기는 점차 넓어졌다. 한큐 백화점이 개업 첫날 무엇보다도 힘을 기울인 것은 일반잡화나 식료품, 그리고 가구와 작은 세간 도구와 같이 일반가정에서 사용하는 일용품이었다. 이것은 포목이나 고급품은 취급하지 않는다는 방침이 있었기 때문이다.[62]

전철 회사가 역과 하나로 연결된 '터미널 백화점'의 출현은 다이쇼(1912-1926) 시대 후반기의 일이다. 사실 이러한 정신은 여성가극에 대한 고바야시의 생각에서도 잘 반영되어 있다. 고바야시는 극장은 백화점이어야 한다고 생각했다. 관객들은 극장에서 다양한 성격을 띤 장면을 보고 싶어 한다고 그는 생각했다. 다카라즈카 여성가극의 대표 작품인 《몽파리(モンパリ, Mon Paris》[63]가 이국적 풍경을 바탕으로 극을 전개한 것은 바로 이런 정서 속에서 나온 것이다. 마치 백화점에서 다양한 물건들을 보면서 비록 사지 않더라도 소비자들이 자신의 욕망을 어느 정도 채울 수 있었던 것과 마찬가지로 직접 외국에 가지 못한다고 해도 관객들은 무대의 화려함과 이국적 풍광 속에서 만족감을 얻었다.

5) 고바야시의 꿈

매연으로 오염된 도시를 벗어나 공기 좋고 깨끗한 교외의 근대적 주택에 사는 신중산층은 고바야시가 가장 고려했던 사람들이었던 것이다. 그들이 우메다의 한큐 백화점(도판 14)에서 쇼핑을 하며, 휴일에는 가족과 함께 기차를 타고 레저 시설에 놀러가 하루를 보내는 것, 이것이 바로 고바야시가 꿈꾸는 새로운 삶의 방식이었다. 고바야시는 확실히 도시 형태의 제 3영역의 개척자였다. 오사카 지역의 사업가로서 그는 대중 소비와 여가를 결합시키는 일에 투자했다.

고바야시는 가족을 위한 여가 시설을 오사카 근교에 설치함으로써 농촌

---

62) 하츠타 토오루, 앞의 책(2003), p. 216.

63) 1927년 9월에 상연된 이 작품은 한 신혼부부가 인도, 이집트, 상하이, 파리를 여행하면서 극이 전개된다.

지역의 철도 종착역을 가치있게 만들어야겠다고 생각했다. 열차 선이 열리던 그 해에 그는 미노 공원을 정비하고 1910년 11월에는 동물원을 개장했다. 이 동물원은 이후 다카라즈카로 옮겨진다(도판 15, 16). 또한 그는 다카라즈카의 구 온천지에 새로운 온천장을 1911년 5월 1일에 개장했다. 이곳은 유럽풍의 근대 건축물로 지어져 여성들의 호기심을 자극했는데, 대리석으로 된 욕조, 분수의 물줄기, 휴식을 위한 방, 냉탕방, 화려한 탈의실이 그 건물 내에 구비되어 있었다. 이 시설은 당시에 매우 근대적이었으며 데워지지 않은 수영장을 빼면 대중들에게 큰 인기를 얻었다고 한다. 고바야시는 1911년 10월에 일간신문사인 오사카 마이니치(大阪每日)와 함께 공동으로 아이들을 위한 박물관도 개장했다. 1913년부터 매년 고바야시는 여성, 결혼, 가족에 대한 전시회를 다카라즈카에서 조직했다. 이 주제들은 신중산계급이라는 대중을 끌어들이기 위한 것으로 메이지 시대 민법의 부계적 개념과는 관련이 없는 것이었다.[64]

64) Claude Hamon, *op. cit.*, pp. 72-74.

도판 15. 현재의 다카라즈카 패밀리랜드

도판 16. 다카라즈카 패밀리랜드

가부장적인 가족제도에 묶여 있던 인습적인 생활을 개선하고 다가오는 미래에 어울리는 근대적인 가족생활의 장을 제공한다는 이러한 장대한 구상은 물론 고바야시만의 것은 아니었고 도쿄의 교외주택지 개발 등 다양한 형태로 나타났다. 이러한 의미에서는 『생활개선』이라는 표어가 시대적 요청이었다고 말할 수도 있지만 고바야시의 구상은 그 가운데서도 가장 선구적이면서도 대규모적인 것이었다. 다카라즈카 온천은 이러한 새로운 가족을 위한 레저 시설로서 구상된 것이었지만 생각해 보면 이러한 구상은 당시로서는 현실적으로 어려운 것이었다. 현실의 민중 요구에 부흥하려는 것보다는 고바야시가 근대화된 민중의 생활 방식으로서 일종의 계몽적인 성격을 띠고 있다고 보아야 할 것이다. 말을 바꾸면 그것은 새로운 분양지에 거주한 쁘띠 부르주아지라는 독특한 계층의 존재방식과 관련되어 있던 것이다.

이 시기에, 미노아리마덴키가 발행했던 광고잡지 『산요 스이타이(山容水態)』를 보면 고바야시가 구상하고 있던 새로운 생활 방식의 이미지, 특히 새롭게 도입된 근대적 레저 생활의 존재가 중시되고 있음을 확인할 수 있다. 그는 앞서 언급한 것 이외에도 미노의 자연 속에서 노는 것, 온천과 단풍을 즐기고 도요나카의 운동장에서 스포츠를 관전하는 것을 이러한 생활 개선의 한 부분으로 보았다. 또한 스포츠 관전을 위해서 이미 1913년부터 도요나카 운동장에서 스탠포드 대학과 워싱턴 대학의 야구팀을 초청해 와세다 대학, 메이지 대학 등과의 경기를 기획하였다. 도쿄 여섯 대학 야구의 리그전이 시작된 것이 1915년의 일이므로 이것은 시대를 앞서간 획기적인 것이었다고 할 수 있다. 덧붙여서 말하면 거의 같은 시기에 간사이의 중등학교 야구팀을 모집해 대회를 개최하고 그것이 발전적으로 모습을 보인 것이 바로 1915년에 시작된 전국중등학교 야구선수권 대회이다(제 1회의 개최는 고시엔(甲子園)이 아니고 도요나카 운동장이었다). 이러한 형태로 스포츠를 일종의 스펙터클로서 즐길 수 있다는 관점은 특히 근대적 오락의 선구라고 할 수 있다.

같은 시기에 고바야시가 다카라즈카를 열어 신온천의 여흥으로서 처음 시작한 소녀가극도 그러한 근대적인 오락의 한 형태라는 면에서 같은 선상에 있는 것이다. 온천이라고 해도 이 다카라즈카 신온천은 단순한 온천장이 아니었다. 무코(武庫) 강변에 위치한 이 온천장은 온천 이외에도 다양한 시설들을 갖추고 있었다. 1926년에 다카라즈카 소녀가극단이 간행한 『다카라즈카 신온천유람 앨범』은 이 온천이 상당히 근대적인 것이었음을 잘 보여주고 있다. 가장 큰 살롱에서는 "세계의 풍경풍속을 보는 안경"이라는 드림 스코프, "항상 즐겁게 라디오방송을 청취할 수 있는" 무선전화기가 설치되었고, 부인휴게실에는 오르간과 피아노가 있었다. 파라다이스라 불리는 건물(도판 17)에는 일층에 활동사진기와 탁구장 등의 최신식 아동오락실이 있었고 무코 강을 조망할 수 있는 방에서는 개가식의 서고가 비치되어 있었다. 또한 루나파크라고 불린 동물원에는 회전목마와 안전저공 기행선 등도 있었다. 소녀가극의 공연이 행해지던 대극장과 대중소의 3개 극장 역시 단순한 온천장의 이미지를 벗어나 종합 레저 시설의 모습을 갖추게 하는데 일조하였다.

도판 17. 파라다이스 (1917년)

당시에 "오사카 고베와 나란히 한신간(阪神間) 지방에 다카라즈카처럼 가족을 위한 레저 시설을 잘 갖추고 있는 곳이 있는가"[65] 라는 고바야시의 말을 통해 알 수 있듯이 그는 다카라즈카의 제반 레저 시설을 자랑스럽게 생각하고 있었다. 새로운 신중산층을 위한 교외 유토피아인 이곳은 당시로서는 획기적인 것이었다. 이와 결부하여 근대적인 생활방식의 이미지가 어디까지나 일종의 계몽활동의 일환이었음을 재확인할 수 있다. 이러한 의미에서 다카라즈카 여성가극 역시 현실의 민중 요구에 부합하기 위한 고바야시의 한 산물이었다.

젊은 시절, 고바야시는 너무 자기중심적이라는 평을 받았으나 자신의 일과 목적을 설정한 후에는 이러한 태도가 오히려 그에게 역동적인 삶을 가져다주었다. 그는 항상 자신의 '꿈'을 현실로 가져다 놓기 위해 노력했으며 이 때문에 그의 사업은 번창할 수 있었다.

그의 꿈은 1937년에 도호(東宝) 영화사의 설립으로 이어진다(도판 18). 영화사는 제2차 세계대전 중에는 일본 최대의 영화사였으나 전후 노동쟁의로 심각한 인력난을 겪었다. 1948년부터는 영화제작을 중단하고 1947년부터 이 회사의 재정지원을 받아온 신도호(新東宝)영화사에서 만든 영화를 배급했다. 그 후 영화제작을 재개했으며 1950년대에는 자체 개발한 도호스코프라는 와이드스크린 방식을 처음 도입하여 성공을 거둔다. 이 영화사의 대표작으로는 구로사와 아키라(黑澤明)의 《7인의 사무라이》를 들 수 있다. 이 회사는 또한 6개의 도시에 11개의 극장을 건축함으로써 영화와 연극의 상연을 기획한다. 가부키에 근대성을 도입하려는 그의 노력은 가부키의 배우들을 자신의 회사인 도호 가부키에 끌어들였다. 이를 통해 가부키 배우와 서양 연극의 조화를 이루어냈다.[66] 또한 그의 노력을 통해 도호 영화사는 다카라즈카의 홍보에 적극적인 노력을 기울이게 되었다.

---

65) 小林一三, 「宝塚の陳容一新」, 『歌劇』(1929. 3월), 2쪽.

66) *Theatre in Japan,* Tokyo: comp. Japanese National Commission for UNESCO, Printing Bureau, Ministry of Finance, 1963, p. 207.

도판 18. 도호 영화사의 로고

4. 다카라즈카에 대한 비판과 정체성

1) 도쿄의 비판

다카라즈카 소녀가극이 최초로 도쿄에서 공연을 올렸던 것은 1918년의 일이었는데 이 당시에 오사나이 가오루는 진정한 일본가극이 탄생했다고 할 정도로 호의적인 반응을 보였다. 그런데 다음 해부터 비판적인 논의가 강하게 전개되었다. 이러한 비판의 대부분은 소녀가극이 그 청순미를 잃고 대사와 복장 등에서 저질스러운 부분이 자주 눈에 뜨인다는 것이었다.

야나가와레 이치로(柳川禮一郎)는 다카라즈카를 시대의 타락이라고 비판했다. 그는 《여의사(女醫者)》의 공연을 예로 들면서 "각본의 개악과 아마추어의 경계를 넘으려는 시도가 이렇게 한심한 결과에 도달한 것이다"고 말했다. 그는 "화장을 하고, 남자로 분장하면서 이제는 머리를 올리고"라고 말하면서 "다카라즈카 소녀가극은 그녀들의 순진함을 망각했다고" 말하고 있다.[67] 이와 같은 논조는 야나가와레만이 아닌 많은 논자들

67) 柳川禮一郎, 「少女歌劇は永久に歌劇界のAmateurとして自己をみいだす可きや如何?」, 『歌劇』, 1920. 3, 5쪽.

에서도 동시에 나타났다. 후에 다카라즈카의 주요 제작진 중의 한 사람이 된 호리 마사키(堀正旗)도 소녀가극은 항상 소녀가극으로서의 천진난만함과 순진함을 지니는 것이 좋지 않은가라고 쓰고 있다.[68] 이를 통해 다카라즈카 소녀가극을 본격적인 일본가극의 한 단계로서 보려는 방향과는 명확하게 다른 논조를 찾아볼 수 있다.

이러한 비판이 극단적으로 나타나는 것은 1922년의 제극 공연에서였다. 특히 비판적이었던 것은 《단바 요사쿠(丹波與作)》(도판 19)의 공연 때였다. 당시 이 공연은 고바야시 자신이 이케다 하타오(池田畑雄)라는 필명으로 각본을 쓰고 미요시 와키(三善和氣)가 음악을 맡은 조루리 대본에 비교적 충실한 작품이었다.

도판 19. 《단바 요사쿠(舟波 與作)》(1922년)

68) 堀正旗, 「『渠等の赴く所に赴かしめよ』」, 『歌劇』, 1920. 8, 8쪽.

그러나 많은 논자들이 이 가극에 대해서, 소녀가극에 어울리지 않는다는 비판을 전개했다. 『歌劇』에 대한 「문예제가(文藝諸家)의 제극 공연에 대한 비평」[69] 은 그러한 배경에 있는 문제를 고찰하기 위한 좋은 재료이다. 이를 통해 다카라즈카에 대한 비평의 근저에 숨어있는 구조를 고찰해 보자.

우선, 가부키계의 고전예능에 관계하는 사람들은 전체적으로 꽤 높은 평가를 하고 있었다. 나카기 데이치(仲木貞一)는 "치쿠혼게키(竹本劇)라는 것은 샤미센에 의해 슬픈 기분을 맛볼 수 있었고 (중략) 치카마츠의 진가가 발휘되고 있다. 제극의 《단바 요사쿠》 는 모처럼의 기분을 엉망진창으로 만들지는 않았다고 생각한다"고 말했다. 또한 마츠모토 고시로(松本幸士郎 7세)는 이 작품을 원본과 비교해 보면 틀림없이 묘한 기분이 들지만, 보는 동안 드는 느낌은 치쿠혼게키를 양악으로 반주하고, 그리고 창가로 노래하면서 연기하는 것이 그렇게 부조화한 것은 아니다라고 쓰고 있다. 이러한 고전적인 제재와 양악의 조화 문제에 관해 오노에 바이코(尾上梅幸 6세)는 샤미센을 오케스트라로 하는 것은 비상한 호기심을 야기했으며 뜻밖의 성과에 놀랐다고 칭찬했다. 사와무라 소주로(澤村宗十郎 7세)도 조루리의 하나를 그대로 상연한다고 해서 반신반의로 보았던 것이 기우라고 서술하면서 오케스트라와의 조화를 취하면서도 샤미센과는 또 다른 맛을 보여주고 있다고 평가하고 있다.

이처럼 가부키의 연장선상에 가극을 위치시키려는 고바야시의 구상에 대해서 가부키계의 인사들은 대체로 긍정적이었다. 이에 반해 서양음악과 신극에 경도된 사람들은 이러한 서양과 일본의 절충적인 방식에 강하게 비판하고 나섰다. 이는 우선 1922년 12월의 『歌劇』에 실렸던 「제극 제6회 상연곡목합평(帝劇第6回上演曲目合評)」으로 열렸던 가상 좌담회에서 잘 나타난다. 이 좌담회에는 토라노몬(虎の門) 여학교 학생, 도쿄대학교 문과

69) 岡村柿紅, 「文藝諸家の帝劇公演に對する批評」, 『歌劇』, 1923. 12, 20쪽.

생, 음악학교학생, 와세다 대학생, 오차노 미즈(お茶の水) 고등학교 학생, 연극 비평가, 신문기자, 마츠모토경영부원이 참가했다.[70]

《단바 요사쿠》 에 대해서 신극에 물들어 있는 연극비평가는 "가부키극을 흉내내면서 나타난 모습은 실로 침을 뱉을 만한 것이다"라고 매도하는 태도를 보였으며, 이에 대해서 오차노 미즈 여고생은 " 《단바 요사쿠》 를 보면서 눈물이 나오는 것을 참았다. 나는 실로 울고 말았다. 나는 가극을 보며 울었고 실로 비련의 쾌감을 느꼈다. 이 공연을 통해 나는 예술의 위대한 힘과 믿음을 확인했다"고 말했다.

일본의 가극이 비극으로서도 통용될 가능성을 보여주고 있는 것이 여기에서의 함의일 것이다. 당시의 서양문화에 젖어 있던 지식인층은 서양과 동양의 융합에 대해 계속적으로 부정적이었던 반면 여학생들의 진영에서는 적극적으로 《단바 요사쿠》 를 칭찬하고 있는 것을 보면 당시의 대조적인 분위기를 느낄 수 있다.[71]

가장 비판적인 태도를 보였던 사람은 나카가미 가와사부로지(中上川三郎治)였다. 그는 『歌劇』에 「제극상연곡목에 대한 불평」이라는 글을 써서 다카라즈카 소녀가극이 확실히 사도(邪道)의 길로 들어가 청순한 모든 이미지를 버리고 타락하고 있다고 한탄하였다.

> "이것은 오사카 주위의 구경꾼의 요구인가, 지도교사들의 도락인가 아니면 연기자 자신들의 예술적 욕망으로부터 온 것인가. 도쿄 관객의 마음에 든 것은 제1회 공연 때뿐이다. (중략) 특히 일본의 시대물만을 부흥시키는 것은 일본의 무용과 서양의 음악을 조화하려는 당사자의 저의인지 모르지만 이는 구경꾼들의 하품을 초래할 뿐이다. (중략) 나는 소녀가극을 순결한 오락으로서 보존하고 싶다." [72]

---

70) 「帝劇 第6回 上演曲目合評」, 『歌劇』, 1922. 11, 58쪽.
71) 渡辺 裕, 앞의 책, 1999, 68-72쪽.
72) 中上川三郎治, 「帝劇上演曲目に對する不平」, 『歌劇』, 1922. 12, 30쪽.

이 점에 대해서는 오사카 문화의 흥망에 강한 기대를 걸고 있는 츠보우치 시코(坪内士行) 역시 비판적이었다. 그는 도쿄 주도의 연극 비평에 대해서는 많은 문제점이 있음에도 불구하고 다카라즈카 내부에 여전히 필요없는 가부키의 먼지가 쌓여있다고 말했다. 즉 구극적 요소의 잔재가 너무 많다는 것이었다.

한편, 오카무라 시코(岡村柿紅)는 《단바 요사쿠》를 도쿄에 가져온 것은 대단히 무모한 것이라고 지적했다. 《단바 요사쿠》를 특별히 에도삼계(江戸三界)에까지 짊어지고 오지 않았어도 그와 유사한 것을 우리는 볼 수 있다. 우리 도쿄 사람들은 무언가 새로운 것을 기대하고 있다[73]고 말하면서 다카라즈카의 독자성을 요구하고 있다. 그리고 나카다 미키히코(長田幹彦) 역시 도쿄에는 고급한(예술적인) 극이 존재하므로 다카라즈카 소녀가극을 가져올 필요는 없다고 생각한다[74]고 말했다.

이와 같은 발언 속에는 명백히 본격적인 가극은 도쿄의 것이고 다카라즈카로부터는 도쿄에 없는 진기한 것을 가져오는 것이 좋겠다는 생각이 보인다. 고바야시의 본격적인 일본 가극의 제일보로서의 소녀가극은 사실 도쿄에서는 인정받을 수 없었던 것이다.[75]

지금까지 다카라즈카 소녀가극을 둘러싼 가극의 노선 논쟁의 배후에 있는 도쿄 대 오사카라는 대립 관계의 존재를 살펴보았다. 하지만 이것이 상징성을 띤 대립 관계라는 것을 지적할 필요가 있다. 실제로 먼저 거론해야 할 것은 다카라즈카의 지지자로는 오사카 지방의 지식인들을 제외하더라도 많은 타지방 사람들이 다카라즈카를 위해 일하고 있었다는 점이다. 우선 창립자인 고바야시는 야마나시(山梨)에서 태어나 도쿄의 학교를 나온 간토(關東)인이었다. 또한 도쿄인으로서 이치카와 엔노스케(市川猿之助), 마츠모토 고시로(松本幸四郎)와 같은 가부키계의 근대화를 도모했던 명

73) 岡村柿紅, 「文藝諸家の帝劇公演に對する批評」, 『歌劇』, 1922, 12, 26쪽.
74) 長田幹彦, 「帝國劇場の廊下にて」, 『歌劇』, 1923. 8, 53쪽.
75) 渡辺 裕, 앞의 책, 1999, 73-76쪽.

사들 역시 다카라즈카가 행하고 있는 가부키 개량의 목적에 대해 호의적인 반응을 표시하고 있다. 이와 같이 도쿄와 오사카의 대립도식은 현실의 도쿄인과 오사카인의 대립 도식으로 파악해서는 안 되고 근대화의 노선을 둘러싼 두 개의 상이한 진영의 대립도식을 보기 위해 상징적으로 제시해야 할 것이다. 결국 도쿄와 오사카의 대립이라는 것은 다른 한편으로는 서양 직수입파(西洋直輸入派)와 가부키개량파(歌舞伎改良派), 지식인과 대중, 도쿄와 오사카라는 여러 범주의 대비가 미묘하게 중첩되고 있는 것이다.

2) 레뷰 시스템

1920년대 말부터 다카라즈카에는 새로운 노선이 나타나기 시작했다. 현재 다카라즈카의 근간이라고 할 수 있는 레뷰의 등장이 바로 그것이다. 최초의 레뷰는 1927년 9월에 상연된 《몽 파리(モン·パリ)》(도판 20, 21, 22)였다. 파리에서 유학을 하고 돌아온 기시다 타츠야(岸田辰彌, 도판 23)가 자신의 서양체험을 근간으로 구성한 작품으로서 곳곳에 삽입된 파리 직수입의 노래와 무용이 삽입되어 있었다.

도판 20. 《몽 파리(モン·パリ)》(1927년)

도판 21. 《몽 파리》의 라인 댄스, 1927년부터 도입되었다 (1927년)

도판 22. 레뷰시대의 개막 《몽 파리》 (1928년)

그를 통해 다카라즈카는 당시 파리에서 흥행하고 있던 리도 쇼와 물랭 루즈 쇼의 기법을 도입하게 된다. 이 작품은 한 신혼부부가 세상을 돌아다니면서 겪게 되는 다양한 흥미진진한 이야기를 축으로 하고 있다. 인도, 이집트, 상하이 그리고 파리를 여행하게 되는 줄거리를 가지고 있는 이 극은 그 속에서 화려한 무대와 이국적 취향을 통해 많은 관객들을 매료시켰다. 코러스의 숫자 역시 80명에 이르는 대규모 공연이었다.[76]

도판 23. 기시다 타츠야

기시다는 제극(帝劇) 가극 출신으로 1919년에 다카라즈카에 입단했고 처음부터 서양극에 지대한 관심을 보여 왔다. 유학은 그의 서양지향적인 태도를 더욱 강하게 만드는 결과를 낳았다. 1927년 9월의 『歌劇』에 게재된 「《나의 파리(吾が巴里よ)》를 상연한 것에 대해」[77]라는 논고에서 기시다는 "세계는 항상 진보하고 있다. (중략) 세계의 중심에 서는 것이 중요하다"고 말하면서 해외 체류 기간에 다카라즈카에 레뷰 시스템을 도입해야 할 필요성을 인식했다고 쓰고 있다. 그리고 2년 후에는 파리에 항상 제작진들을 체류시켜 동향을 조기에 파악해야 한다고 주장했다.

이러한 직수입이라는 의지는 1930년 8월 프랑스로부터 조기 귀국했던 시라이 테츠조(白井鐵造, 도판 24)를 통해 더욱 힘을 얻게 되는데 《파리 젯트(パリゼット)》는 이러한 당시의 분위기에서 나온 산물이었다. 무대장치를 담당했던 노지마 이치로(野島一郎)는 다음과 같이 말했다.

> "다카라즈카가 처음으로 레뷰로서 상연했던 《몽 파리》는 파리 본고장의 레뷰를 일본 사람들이 좋아하도록 적절하게 개작했던 것이다. 이번에 상연될 《파리 젯트》에는 이러한 정신을 바탕으로 파리의 색채와 감

---

76) 川崎賢子, 『宝塚: 消費社會のスペクタクル』, 講談社, 1999, 115-117쪽.
77) 岸田辰彌, 「《吾が巴里よ》を上演について」, 『歌劇』, 1927. 9, 2쪽.

각 그리고 익살스러운 파리의 모습을 다카라즈카의 무대에 올린다. 이제 진정한 파리의 레뷰를 보게 될 것이다." 78)

도판 24. 시라이 테츠조

실제로 이 가극은 "파리보다 더 파리 같다"라는 평판을 얻었다. 《몽 파리》 와 《파리 젯트》 만이 아니고 그 위에 파리직수입이라는 이미지를 전제로 한 레뷰의 반향은 계속되었다. 《로즈 파리(ローズ·パリ)》, 《부케 다무르(ブーケ·ダムール)》, 《파리 뉴욕(巴里ニューヨーク)》 으로 이어지는 프랑스식 극장쇼를 통해 다카라즈카는 확실히 파리의 향기가 넘치는 공간이 되었다.

《파리 젯트》 에는 이후 다카라즈카의 대명사라고 말해지는 「제비꽃 필 무렵(菫の花咲く頃)」을 시작으로 하는 7곡의 주제가가 삽입되어 있는데 이것들은 모두 파리의 극장 등에서 유행하거나 파리의 샹송 등에 이미 있던 것들이었다. 그러나 사실 『제비꽃 필 무렵』은 원래는 빈에서 유행하던 것이었고 「사랑의 노래」도 원곡은 브로드웨이에서 인기를 얻고 있던 론베르그의 오페레타 《뉴우 문(ニュームーン)》 의 한 곡이었다. 이러한 노래들을 통해 다카라즈카는 세계에서 유행하고 있던 노래들을 일본에 수입하는 역할을 담당했다.

이처럼 이국적인 문화를 들여온 다카라즈카는 그러나 자신의 정체성이라는 문제를 완전히 망각하고 있었다. 실제로 대표적인 다카라즈카의 테마 송이라고 할 수 있는 「오오 다카라즈카」도 실은 파리의 유행곡인 「콘

78) 野島一郎, 「舞臺裝置について, 巴里の色彩をそのままに」, 『歌劇』, 1930. 8, 96쪽.

스탄티노플」을 개작한 것이다. 음악 이외에도 《파리 젯트》의 공연 포스터에는 장미꽃을 입에 문 여성이 나타나는데 이 역시 파리 물랭루즈에서 사용하고 있던 미스탕케트의 포스터를 완전히 베낀 것이다(도판 25). 또한 1932년에 상연된 《부케 다무르》에는 전년에 제작되었던 독일 영화 《회의는 춤추는 것》의 주제가의 하나인 「Das gibt's nur einmal」을 「그것이 꿈인가」라는 타이틀로 사용했다. 이 영화가 일본에 공개된 것이 1934년이므로 《부케 다무르》의 상연이 2년 앞서는 것이다. 일본에서 이 영화가 상연되자 많은 관객들이 이 노래가 다카라즈카의 주제가를 모방했다고 주장했다는 일화도 있다.

이처럼 다카라즈카는 앞서 서양 직수입의 본거지인 도쿄를 비판했던 자신의 모습을 버리고 현재는 더욱 더 직수입의 본거지가 되고 만 것이다. 이후 다카라즈카에 대한 비판이 더욱 거세어졌고 고바야시가 꿈꾸던 본격 가극의

도판 25. (1930년)

위: 《파리 젯트》 공연 포스터
아래: 파리 물랭루즈의 포스터

위치는 서서히 사라지게 되었다. 이에 대해 당시 고바야시는 레뷰에 대해 다음과 같이 말하고 있다.

> "외국의 레뷰는 지금 일세를 풍미하고 있지만 결국 나는 일본인이다. 일본의 풍속과 관습을 도외시하고 외국의 것을 흉내 내고 있는 것은 반드시 낙오하고 만다. 나는 일본 것을 세계화 한 레뷰가 다카라즈카에 의해 만들어지고 그곳에서 새로운 다카라즈카의 정서가 탄생할 것을 믿는다. (중략) 레뷰가 가극을 붕괴시키고 있다고 생각하기보다는 가극의 중심에 레뷰를 도입하는 것이니 만큼 이는 유효하다고 생각한다." [79]

고바야시가 이처럼 말한 1930년은 《파리 젯트》의 대히트로서 소녀가극이 자리를 잡고 국민좌(國民座)가 해산되던 시기였다. 그러나 이 시기에 있어서 고바야시가 가부키 개량에 의해 국민좌를 세우려던 당초의 이상이 레뷰를 통해 이루어지고 있는지에 대해서는 사실 의문이 든다. 그는 계속해서 대성공을 거둔 레뷰가 국민좌로 나아가는 원대한 계획의 도정에 있다고 주장했다. 사태는 그러나 그 혼자만의 노력으로 이루어지는 것은 아니었다. 타자들의 시선을 고려해야 할 시점이 온 것이다.

3) 다카라즈카의 정체성

3-1) 가부키 레뷰

레뷰를 통해 다카라즈카가 성공 가도에 오르면서, 이제 다카라즈카 소녀가극이 크게 변화했다고 말할 수도 있을 것이다. 그러나 반드시 이런 성공이 서양의 것을 그대로 받아들이는 것을 의미하는 것은 아니었다. 서양의 것과 전통적인 것의 혼합을 추구한 가부키 레뷰가 있기 때문이다.

다카라즈카는 레뷰의 도입 이전부터 계속해서 세 가지에서 다섯 가지의

79) 小林一三, 「いつ、新しい寶塚情緒は生まれるか」, 『歌劇』, 1930. 8, 2쪽.

연극 목록을 조합하는 공연 프로그램을 내놓고 있었고, 이 속에서 다양한 혼합을 추구하였다. 《파리 젯트》 가 초연된 1930년 8월의 공연에서도 최초로 히사마츠 이치세(久松一聲) 작(作)의 가극 《어린 시절의 도키히라(若き日の時平)》, 그리고 이어서 우메모토 리쿠헤이(楳茂都陸平)의 무용극 《가마하라(鎌腹)》 가 상연되었고 최후에 《파리 젯트》 가 이어진다. 또한 그 해의 12회 공연에서 레뷰가 포함되는 것은 7회(단, 《파리 젯트》 가 2번 재상연되었으므로 실제로는 다섯 가지 종류)로 반을 약간 넘은 것에 지나지 않는다. 비록 레뷰의 비중이 나머지보다 높다고 할지라도 여전히 다카라즈카는 일본과 서양의 혼재, 복수연극이라는 방식을 고수하고 있었다.

도판 26. 《봄의 춤(春のをどり)》(1928년)

가부키에 레뷰를 삽입시키려던 고바야시의 생각은 《봄의 춤(春のをどり)》(도판 26)의 논의에서 잘 나타난다. 《봄의 춤》 은 1926년에 처음으로 등장한 이래 점차로 다카라즈카의 정기공연이 되었다. 1927년부터 4년

까지는 우메모토가 이 연극을 담당했다. 1927년에는 발레로서 위치를 부여받으면서 프로그램 중간에 삽입된 것에 지나지 않았지만 기시다의 《몽 파리》가 등장한 다음 해인 1928년에는 프로그램의 마지막을 장식하게 된다. 이 공연에 대해서는 우메모토가『歌劇』에 쓴 글을 통해 당시의 상황을 파악할 수 있다. 그는 "나는 레뷰를 쓴다고 생각해 본 적이 없다"라는 어구로 시작된 이 글에서 우메모토 자신을 포함해 전통물을 담당하는 많은 제작진들이 레뷰에 강한 관심을 보이고 있다고 말한다. 우메모토 자신도 상연을 위해 기시다로부터 다양한 참고사진과 의상 그림을 빌려 준비를 했다는 점을 강조했다.

이후 전통물 레뷰의 움직임은 급속하게 가속화되어나갔다. 1931년 10월에는 가부키 레뷰라고 일컬어졌던 《가타키우치(かたきうち)》가 등장했고 1932년 3월에는 《츄신구라(忠臣藏)》가 계속해서 이어졌다. 게다가 1933년에는 3월에 《후다리 가이라이시(二人傀儡師)》, 7월에 《오쿠니 가부키(お國歌舞伎)》의 두 작품이 순차적으로 공연되면서 가부키 레뷰는 다카라즈카 소녀가극 속에서 확고한 위치를 점하게 된다. 레뷰 도입에 지대한 역할을 한 기시다는 말할 것도 없고 츠보우치, 히사마츠 역시 모두 레뷰의 길을 지향하고 있는 것이 확인된다. 츠보우치는 《츄신구라》의 상연에 관해『歌劇』에 스스로 해설기사를 게재하고 있다.[80] 이 글에서 그는 가부키 자체에 근본적으로 레뷰적인 성격이 많이 포함되어 있다는 논지를 펼친다. 또한 근대인의 생활양식의 변화, 정서의 변화를 언급하면서 극의 속도를 빠르게 해야 한다고 주장한다. 한 예로 그는 무엇보다도 한 시간 전후가 걸리는 판관(判官)의 할복자살(切腹) 장면에 이를 숨겨서 줄이는 것은 가부키의 형태를 계승하면서도 이것을 근대화 해 나가는 절충적인 방식이라고 보았다.

이처럼 가부키에 레뷰를 도입하려는 발상이 현재에 어느 정도로 전개되

80)『歌劇』, 1932. 3, 22쪽.

고 있는지에 대해서는 정밀한 조사가 필요하지만 적어도 연극 목록과 제작진을 살펴본다면 레뷰가 다카라즈카의 거대한 목표의 한 부분에 지나지 않았다는 것은 명확하다. 1954년에 간행한 『다카라즈카가극 40년사(宝塚歌劇四十年史)』의 서문에서 고바야시는 가부키의 연장선상에서 국민극을 만들어 내는 것이 중요하며 레뷰는 그 목적의 중간단계에 지나지 않는다는 것을 강하게 주장하고 있다. 창설 이래 다카라즈카의 기본적인 이념이 이 시점에서도 변화지 않은 것이 확인된다. 현재까지도 여전히 빈도로 보면 일본물이 프로그램에 포함되어 있고 가부키의 제목이 빈번히 등장하는 것도 이런 맥락에서 이해 가능한 것이다. 이처럼 다카라즈카의 현재 방식에서도 여전히 고바야시의 사상은 강하게 살아 있는 것이다. 최근에는 가부키에 록음악을 융합시키려는 방식까지 나타나고 있다. 어찌 되었던 고바야시가 레뷰의 성공을 종착점으로 간주한 것은 결코 아니며 국민극의 수립을 향해 나아가는 야망에 많은 제작진들이 공감하고 있는 것도 의심할 여지가 없다.

그러나 기시다는 이 시기에 가부키 레뷰와의 방향에서 벗어나 본격적 가극에의 가능성을 탐구하고 있었다. 1932년 1월에는 기시다를 중심으로 중극장에서 『다카라즈카 버라이어티 공연』을 내걸고 공연이 이루어졌다. 여기에서는 《카바레리아 루스치카나》, 《나비부인(お蝶夫人)》에 소녀가극의 스타인 미후라 도키코(三浦時子)가 출연했고, 한편에서는 후루카와 로쿠하(古川緑波)와 야마노 이치로(山野一郎)를 초빙해 남성 배우들을 가입시킨 대레뷰 《세계의 멜로디》가 상연되었다. 또한 《카르멘》과 기시다 작(作)의 《서머 스캔들》 역시 무대에 올랐다.

기시다는 1925년에 「다카라즈카 그랜드 오페라단의 창설을 제창한다」[81]는 논고를 『歌劇』에 게재했고 소녀들이 성장한 후에도 활동을 계속해서 할 수 있도록 소녀가극보다 한층 높은 수준의 그랜드 오페라를 공연해

81) 岸田辰彌,「宝塚グランド·オペラ團の創設を提唱す」,『歌劇』, 1925. 10, 2쪽.

야 한다고 역설했다. 그는 일본인이 연기하는 그랜드 오페라는 일본인이 만들고 일본인이 작곡한 것으로 해야 한다고 생각하였고 그곳에 도달하는 도정으로서는 연구 기관을 만들 필요가 있다고 서술하고 있다. 이에 대해서 아오야기 유미(青柳有美)가 「다카라즈카에 그랜드 오페라 불허」[82]라는 논고를 게재하였다. 그녀는 서양에서도 그랜드 오페라만을 일 년 중 상연하는 극장이 거의 없으며 현재처럼 부자들만이 박스 석을 사서 볼 수 있는 가극은 바람 앞의 등불과 같은 상황이라고 말하였다. 그녀가 보기에 부자들이 허영심을 만족시키려고 찾아오는 가극을 대중본위를 표방한 다카라즈카가 시작해서는 안 된다는 것이었다.

이와 같은 일련의 움직임을 볼 때 구극개량노선을 주장하는 고바야시의 의견과 그랜드 오페라 노선을 창도하는 기시다의 의견 사이에는 정반대의 대립이 나타난다. 양자는 모두 레뷰가 다카라즈카의 종착점이라는 생각을 하지 않았다는 점에서는 일치하지만 본격적인 가극의 가능성의 실현이라는 측면에서는 서로 다른 의견을 가지고 있었다. 그러나 이러한 논의와는 별개로 《몽 파리》 이후 다카라즈카=레뷰라는 이미지가 급속히 퍼지게 나가면서 본격적인 국민극을 지향하는 움직임은 배후로 후퇴해 버리게 된다. 당시 다카라즈카의 얼굴이라고 할 수 있는 『歌劇』에서도 레뷰의 화려한 이미지가 강조되었고, 국민극의 확립을 위한 다양한 시행착오는 점차 약화되었다.

물론 《가나히라 안경(金平めがね)》, 《오나츠 가사모노구루이(お夏笠物狂)》 등의 히사마츠의 작품은 큰 인기를 얻고 『歌劇』을 통해 강조되기도 했지만 이는 극히 예외적인 경우였다. 이에 비해 레뷰가 시작되었던 1927년 이후의 『歌劇』지를 보면 가극단 자체가 지금까지는 없었던 대규모 특집을 통해 레뷰를 전면에 내세우고 있음을 확인할 수 있다.

---

82) 青柳有美, 「不許大歌劇入寶塚」, 『歌劇』, 1927. 5, 2쪽.

도판 27. 《파리 젯트(パリゼット)》(1930년)

예를 들면 《파리 젯트》(도판 27)가 상연된 1930년 8월에는 시라이 자신이 제작진에 있으면서 의상과 무대장치의 설명을 포함해 13페이지의 특집호를 만들었고 게다가 다음 호에는 「파리지앙이 본 파리젯트 좌담회」[83]가 게재되어, 기시다와 시라이를 중심으로 하는 파리 체류 경험이 있는 제작진이 총동원되고 있다. 또한 도쿄공연이 행해졌던 12월 호에는 「도쿄공연 파리 젯트의 선두」[84]라는 17페이지의 글을 통해 레뷰를 강조하고 있다. 이는 마치 《파리 젯트》를 다카라즈카의 얼굴로 표방하려는 것처럼 보인다. 고바야시의 사상에서 레뷰가 차지하는 위치를 고려해본다면 이는 참으로 놀라운 변화였다고 할 수 있다.

3-2) 도쿄의 시선

다카라즈카의 도쿄진출은 고바야시가 꿈꾸는 국민극을 위해서는 필수적인 선결 요건이었다. 가부키 개량극으로서는 도쿄 진출이 어려웠던 시점에 고바야시는 결국 20년대 말과 30년대 초를 통해 인기를 얻고 있던

83) 「巴里つ兒の見た 《パリゼット》 座談會」, 『歌劇』, 1930, 9.
84) 「東京公演 《パリゼット》 の頁」, 『歌劇』, 1930, 12.

레뷰를 그 탈출구로 고려할 수밖에 없었다. 이는 물론 고바야시의 근본적 생각과는 차이가 있었지만 하나의 전술로서 그 의미가 크다고 할 수 있다.

「《몽 파리》가 도쿄에서 상연되다!!!」라는 표제어로 도쿄 가부키좌에서의 상연 결정을 전하는 1928년 『歌劇』 3월호의 기사에 따르면, "레뷰를 통해 다카라즈카의 진가를 도쿄의 사람들에게 평가받을 기회가 부여된 것을 기쁘게 생각한다."고 말하고 있다. 과거의 도쿄 공연의 실패를 이번에는 어떻게 해서라도 성공시키려는 강한 의지가 드러난다.

> "때는 왔다. 꽃의 도시에서 히노키 부타이(檜舞臺:ひのきぶたい)[85] 코비키쵸(木挽町)의 가부키좌로 하나구미(花組) 전원이 간다. 도쿄의 가부키좌에서 다카라즈카의 레뷰 《몽 파리》 상연의 때가 온 것이다. (중략) 도쿄는 일본의 수도이다. 히노키 부타이다. 오사카 사람이 아닌, 고베 사람도 아닌 도쿄 사람에게 다카라즈카의 진가를 알려주는 것은 기쁜 일일 것이다. (중략) 무어라 말해도 일본에서 이 정도 규모의 레뷰를 선보일 만한 단체는 다카라즈카 뿐이다."[86]

실제로 『歌劇』을 구독하고 있는 도쿄인은 거의 없는 상태이므로 이러한 모습은 집안 선전일 가능성이 크다. 그럼에도 확인할 수 있는 것은 다카라즈카가 이전에 없던 도쿄의 시선을 강하게 느끼고 있었다는 것이다.

가극단은 특히 다카라즈카에 대한 비판이 높았던 측면, 즉 소녀가극은 순진하고 청순한 것이 계속되어야 한다는 담론을 소멸시키려고 최선의 노력을 기울였다. 이번 공연을 통해 소녀가극의 틀을 극복하려 했던 것이다. 연애의 장면에서는 좀 더 에로틱한 측면을 도입하고 다소간 육체적인 느낌의 요소를 부여한 것도 소녀라는 이미지를 탈피하기 위한 의지의 산물이었다. 『歌劇』에 실린 《파리 젯트》에 관한 좌담회는 당시의 이런 분위기를 잘 보여준다.

85) 노송나무 판자를 깐 무대로서 자기 솜씨를 보일 영광스런 무대.
86) 「《モン·パリ》が東京で上演される!!」, 『歌劇』, 1928. 3, 61쪽.

마루오 쵸우키(丸尾長顯): 파리의 레뷰와 일본의 레뷰는 어떻게 다릅니까?

히라가 요시토(平賀義人): 물론 파리의 것을 그대로 모방하는 것은 소용없는 것이다. 파리에서는 얼굴의 미추보다는 신체에 대해 강조하고 있다.

기시다 다츠야(岸田辰彌): 무대에서 나체를 사용하는 것은 일반의 사람들에게는 새로운 미를 발견하게 해 준다고 생각되므로 금후에는 점차 장려되어야 한다고 생각한다.[87)]

물론 당시의 이 토론에서 나체라고 불리는 것이 현재 상상할 수 있는 것과 같은 수준의 것은 아니다. 파리의 물랭루즈에서는 상당히 노골적으로 나체의 무용수가 등장하지만 다카라즈카는 넙적다리를 노출하는 정도였다. 당시에 다카라즈카가 이상적으로 생각하고 있었던 것은 파리의 분위기를 직수입하는 것보다는 가족이 안심하고 볼 수 있는 오락이라는 것을 확인시키면서 소녀가극=청순미라는 관계를 극복하는 것이었다.

도쿄공연에 있어 《몽 파리》 만이 전적으로 선전되고 있었지만 실제로 상연되었던 것은 《몽 파리》 만은 아니었다. 이전에 우메모토 작(作)의 무용 《야습(夜討)》 과 히사마츠 작(作)의 가극 《희생물(生贄)》 이 상연된 바가 있었지만 레뷰적인 형태라고 보기는 어렵기 때문에 도쿄에서도 화제가 되었던 것은 역시 《몽 파리》 였다. 다른 비평을 보아도 앞의 두 작품에 대한 언급은 거의 없었다. 오로지 《몽 파리》 만이 구미에서 행해지고 있는 훌륭한 원 나이트 쇼를 잘 나타내준다는 평가를 통해 본다면 일단 도쿄의 진출은 성공적이었다고 할 수 있다. 그러나 아쉽게도 다카라즈카가 본격적인 가극이 되었다는 논의는 전혀 찾아 볼 수가 없다. 이처럼 도쿄 공연을 통해 다카라즈카는 기존의 비판을 불식시키면서 성공을 이끌어

---

87) 「巴里っ兒の見た 《パリゼット》 座談會」, 『歌劇』, 1930. 9, 21쪽.

내었지만 사실상 이는 고바야시의 '국민극으로서의 가극'이라는 생각과는 거리가 먼 것이었다.

이제 다카라즈카는 《몽 파리》를 시작으로 해서 1928년에는 매년 2회, 1929년부터는 매년 3회의 도쿄 공연을 행하게 된다. 특징적으로 이 시기의 프로그램을 보면 상당히 흥미로운 지점을 확인할 수 있다. 즉 확실히 프로그램의 구성 자체는 오사카의 공연과 같은 것이었고 다양한 연극이 혼합되고 있었지만 레뷰의 위치가 명확히 다르다는 것이다. 본토의 공연에서는 레뷰가 매회 있지 않았던 것에 반해 도쿄공연에서는 반드시 최후에 레뷰가 들어감으로써 레뷰의 비중이 증가하고 있었던 것이다. 더욱 중요한 것은 이 레뷰가 대부분 서양물의 레뷰에 한하고 있었고, 《츄신구라》와 《오쿠니 가부키》라는 가부키 레뷰는 대부분 배제되고 있었다는 점에 있다.

이러한 사실의 배경에는 "도쿄에서 일본물은 악평을 얻는다."라는 현실이 있었다. 도쿄에서 가부키적인 것은 구시대적인 것으로서 비판받고 있었지만, 이러한 사정은 레뷰의 시대에 있어서도 마찬가지였던 것이다. 아오야기는 1933년 11월의『歌劇』에서「도쿄에 일본물은 어째서 안 되는 것일까」라는 논고를 게재하면서[88] 이 문제를 논하고 있다. 그녀는 간사이 지역에서는 성공하고 있는 일본물이 도쿄에서는 실패하는 원인으로 두 지역 사람들의 일상 생활에서의 템포가 다르다고 지적한다. 급속하게 변화하는 도쿄 사람들의 삶 속에서 일본물의 템포는 맞지 않는다는 것이다. 다카라즈카 소녀가극은 결국 도쿄 공연을 위해서는 관객의 요구에 부합할 수밖에 없었고 그 결과는 서양 레뷰 중심의 구성으로 나타났다. 그리고 이후 파리 직수입의 다카라즈카라는 이미지가 강하게 정착되어 간다. 이는 고바야시가 생각하던 가부키 개량으로서의 가극이라는 이미지로부터 완전히 이탈하는 것을 의미했다.

---

88) 青柳有美,「東京で日本物は何故ウケぬか」,『歌劇』, 1933, 11.

당시에 고바야시는 도쿄진출을 위해 극장을 빌리기보다는 도쿄에 직접 극장을 건설하고자 했다. 이는 다카라즈카 시(市)의 극장과 같은 모양으로 공연을 하면서 자신의 의지를 도쿄에서 실현해 나가려는 노력의 일환이었다. 실제로 고바야시는 극장건설의 가능성을 적극적으로 탐구하고 있었고 1928년의 『歌劇』에서는 고바야시 자신이 도쿄에 극장을 건설하겠다는 꿈을 직접 밝힌다. 장소 선정에 대한 논의가 진행되면서 이러한 생각은 구체성을 획득하게 된다. 이후 고바야시는 1932년에 도쿄 다카라즈카 극장건설의 의견서를 공적인 형태로 발표하고 마침내 1934년에는 극장이 완성된다. 도쿄 진출을 위한 구체적인 사업이었던 것이다.

레뷰가 처음 등장한 1927년이라는 시기는 기묘하게도 고바야시가 도쿄 진출의 제 1보를 구상한 해와 일치한다. 이전부터 고바야시는 도쿄 관객의 반응을 주목하면서 자신들의 이후 사업적 기반을 확고히 해 나갈 필요를 느끼고 있었던 것이다. 그러한 관점으로부터 본다면 그가 도쿄에서 인기를 끌지 못하는 가부키 레뷰의 노선을 배제하고 도쿄의 기호에 맞춘 파리 직수입 레뷰를 점차 증가시킨 것은 당연한 귀결이었는지도 모른다.

그러나 결과적으로는 이러한 외부의 시선에 부합되면서 다카라즈카는 가부키 개량에 의한 가극이라는 자신의 정체성을 잃어버리게 된다. 한 가지 더 지적해야 할 것은 이러한 도쿄진출을 놓고 고바야시에 대해 너무나 상업적인 인물이었다고 비판하는 것은 조금은 무리스럽다라는 것이다. 왜냐하면 국민극을 수립하려는 고바야시에게 도쿄라는 지역은 전국적인 확산을 위한 필수적인 곳이었기 때문이다. 당시로서는 서양 직수입의 레뷰를 도쿄 진출을 위한 하나의 전술로서 바라보아야만 하는 상황이었다.[89]

89) 渡辺 裕, 앞의 책, 108-116쪽.

3-3) 서양의 시선

이 시기에 다카라즈카의 동향에 커다란 영향을 준 것은 다른 한편으로 외부의 눈, 즉 서양의 눈이었다. 다카라즈카의 해외공연이 처음으로 현실화된 것은 1938년의 유럽 공연이었다. 다음해 1939년에는 아메리카 공연이 행해졌지만 그런 종류의 이야기는 훨씬 이전부터 나오고 있었고 다카라즈카 쪽에서도 적극적으로 그러한 가능성에 대응하려고 하고 있었다.

『歌劇』에서는 1926년에 파리 공연 이야기가 제기되고 있는 것이 확인된다. 당시에 이는 상당히 구체적인 가능성이 있는 이야기였다. 도쿄에서 출간되고 있는 『음악평론(音樂評論)』에는 「다카라즈카 소녀가극의 파리 출연을 저지하자」라는 제목을 가진 논고가 편집동인이라는 서명으로 게재되었고 그것이 『歌劇』에도 재록되고 있다.[90] 이 글은 저속한 다카라즈카의 공연을 파리까지 가지고 간다는 것은 국가의 수치라는 이야기를 통해 간사이 사람들의 취미가 도쿄 사람들보다도 현저하게 열세에 있다는 것을 재확인하려는 시도였다. 또한 동시에 오사카 사람들은 다카라즈카 이외의 것을 듣지 않게 되어버렸으므로 이것은 음악을 보급하려는 것이 아닌 음악문화를 방해하려는 것이라고 그 글은 말하고 있다.

파리 공연에 대한 이야기가 나온 다음 해인 1927년에는 미국 공연 이야기도 제기되고 있다. 그러한 상황에 대응해서 고바야시는 외국을 겨냥한 가극을 새로 만드는 것이 필요하다고 생각하게 되었다. 아메리카 공연에 대한 논의 속에서 그는 다음과 같이 쓰고 있다.

> "일본의 풍속화처럼 아름답고 우아한 정조(情調)와 스미요시(住吉)춤, 겐로쿠(元綠)[91]춤과 같은 오부리소데(大振袖) 등을 깊게 연구해야만 한다." [92]

---

90) 「宝塚少女歌劇の外遊問題」, 『歌劇』, 1925. 10, 11쪽.
91) 東山(ひがしやま) 천황(てんのう) 시대의 연호 (1688-1704).
92) 小林一三, 「寶塚少女歌劇団渡米の話」, 『歌劇』, 1927. 6, 2쪽.

그는 이러한 준비가 되어 있지 않으므로 미국 공연은 일 년 정도 연기해야 한다고 말하고 있지만 실제로 다음 해에 미국 공연에 대한 기록은 찾아볼 수가 없다. 중요한 것은 이러한 분위기 속에서 창작의 태도가 외국의 시선을 의식하게 되었다는 것이다. 고바야시가 언급하고 있던 미국을 대상으로 한 작품이라는 것은 서양에는 없는 이국적인 것을 근간으로 해서 서양인을 끌어들이려는 전형적인 오리엔탈리즘적 태도라고 할 수 있다.

그래도 고바야시의 경우는 자신이 제창하던 가부키 레뷰의 노선에 대한 강조를 근간으로 해서 이러한 말을 하고 있는 것이기 때문에, 소녀가극이라는 다카라즈카의 존재 방식까지 건드리고 있는 것은 아니었다. 그러나 파리 직수입 노선의 최선두에 있던 기시다의 대응은 이와는 다른 차원으로 전개되었다.

기시다는 유학 중에 브로드웨이에서 활약하고 있던 프로듀서의 한사람인 칼 스톡이라는 사람을 알게 되었다. 칼 스톡은 다카라즈카 가극에 흥미를 가지고 있었고, 경우에 따라서는 다카라즈카 소녀가극을 미국에 초청하려는 의도를 가지고 있었다. 이후 그는 다카라즈카 가극이 어떤 것인지를 확인하기 위해서 일본에 오게 되었다. 이때에 기시다는 다음과 같이 말하고 있다.

> "다가오는 봄에 아메리카 일류 프로듀서인 칼 스톡과 엔드가 다카라즈카를 보기 위해 올 예정이므로 그 때까지 무슨 일이 있어도 외국을 위한 가극을 만들어 두지 않으면 안 된다. 그것은 물론 순수 일본물이어서는 안 된다. 왜냐하면 말과 생활양식이 다른 그들이 가장 싫어하는 것은 긴 대사와 움직임이 없는 것이기 때문이다. 따라서 일본물을 레뷰 시스템으로 상연하는 것이 가장 좋은 방식일 것이다. 이러한 방식은 이전부터 있었던 것이다." 93)

93) 岸田辰彌, 「《モン·パリ》 再上演に就て」, 『歌劇』, 1927. 10, 25쪽.

파리 직수입의 원조인 기시다가 이 경우에 돌연 일본물을 들고 나오는 것은 조금 놀라운 일이지만 그가 이 시점에서 일본물을 레뷰 시스템으로 연기하자라고 제창하고 있는 것을 보면 그 역시 서양의 구미에 맞는 연극을 구상하고 있다고 할 수 있다. 다른 한편으로 보면 그것은 고바야시가 국민극을 진행해 나가는 길에서 주장했던 "가부키 속에 레뷰를 도입하자"라는 것과 동일한 것처럼 보이지만 기시다의 경우에는 노골적으로 외국의 시선만을 의식한 것이라는 점에서 명확히 차이가 있다고 할 수 있다.

고바야시가 소위 내부로부터의 시선을 견지하면서 자신들의 문화적 정체성을 확립하려고 했던 것에 반해 기시다는 외향적인 것으로부터 내부의 변화를 추구했다고 볼 수 있다. 기시다가 일본인을 위해서 제작한 작품은 기본적으로는 파리 직수입의 성격을 띤 것이었고 거기에 가부키를 접목하려는 시도는 찾아볼 수가 없다. 이러한 기시다의 행동 변화는 그러나 다른 한편으로는 가장 일본적인 서구에 대한 태도라고도 할 수 있다. 일본인들 내부에서는 서양적인 문화를 형성해나가고, 반면 서양에 대해서는 가장 일본적인 전통이라는 얼굴로서 정체성을 확보해나가는 것이 그들이 이전에 깨달은 서양에 맞서는 방식이었기 때문이다. 따라서 기시다의 주장은 고바야시의 본래 사고와는 정반대의 방향성을 띠고 있는 것이었다.

그러나 생각해 보면 가부키를 오로지 외국인에게 보이기 위한 일본적인 것으로서 자리 매김하고 이를 통해 외국인에게 자신들의 존재를 알리려는 행위는 또한 의미 있는 일이었다. 왜냐하면 긴 대사와 느린 동작을 배척하고 레뷰라는 국제적인 시스템으로 일본 것과 서양 것을 단순하게 접목시킴으로써 외국진출의 길을 열 수가 있기 때문이다. 이러한 방식은 인도네시아의 민족예능인 바롱 댄스가 서양의 관광객을 위해 단축, 근대화되어 상연되는 것과 같은 이야기이다.

어느 쪽의 전략이 옳은 것인지는 모른다. 다만 중요한 것은 이러한 문화의 접촉을 통해 어떻게 자문화의 정체성을 지켜 나가면서 발전시켜 나가는 것인가에 있다. 그러한 의미에서 서양 직수입과 일본적 전통을 반씩 사용하여 양자를 절충한 문화를 만들어 나가는 것도 하나의 전형적인 선택법이라고 할 수 있다. 그리고 어떤 방식을 취하는가는 그것이 문화 간의 상호 역관계 속에서 결정될 것이다. 고바야시의 가부키 레뷰라는 생각 역시 서양과의 역관계 속에서 상당한 위험성을 처음부터 내포하고 있었던 것이다.

결국 칼 스톡은 기시다가 언급했듯이 일본적인 것과 서구적인 것의 조화가 가능하다는 생각을 다카라즈카를 통해 확인했다.[94] 그리고 곧 이어 미국 공연은 현실화되었다. 이후 1938년을 기점으로 서양에서의 공연 제목을 보면 여기에는 기시다가 구상했던 생각이 기본적으로 철저하게 지켜지고 있는 것을 확인할 수 있다. 적어도 서양에서의 공연에서 이러한 일본적 이미지의 상품화는 이후에도 계속해서 진행되었다. 이는 다카라즈카가 서양을 대상으로 이국주의 전략을 취하고 있었다는 것을 잘 보여준다. 도쿄에서 다카라즈카의 일본물 공연에 대한 평판이 나빴던 것도 다시 생각해 보면 다카라즈카의 일본물이 오로지 외국인의 취향에 맞추었기 때문일 것이다. 물론 다카라즈카의 레퍼토리에는 지금까지도 비율에 있어 일본물이 상당한 비중을 차지하며 일본 국내 공연에서도 이러한 서구를 상정한 가극을 보는 것이 가능하지만, 이는 실제로는 고바야시의 원래 사상과는 거리가 있는 것이다. 결국 다카라즈카의 이런 모습은 현재 일본인들에 의해서도 이국적인 것으로 비추어지고 있다. 고바야시의 사고에서 가부키 속에 레뷰를 도입하려는 국민극 구상은 그렇게 도쿄의 시선과 외국의 시선이라는 두 범주를 통해 변화되었던 것이다.

그러나 중일전쟁과 2차 세계 대전을 겪으면서 다카라즈카는 전쟁에 나가는 군인들을 위로하는 극단으로 전락하게 된다. 레퍼토리 자체도 일본의 애국심을 고취시키는 방향으로 나아가게 되었고 주된 이데올로기는 군

---

94) レイ·カルストック「寶塚少女歌劇を評す」, 『歌劇』, 1928. 8, 5쪽.

국주의를 위한 대동아 공영권 건설을 위한 것이었다. 무대에는 배우들이 군복을 입고 나왔으며 무대 배경에는 전투기와 탱크가 설치되는 등 가극은 정치적 도구가 되고 말았다.

3-4) 전쟁 이후의 다카라즈카

전쟁이 끝난 후, 다카라즈카 극장은 빠른 속도로 재건되었으며 1946년에 다시 그 문을 열 수 있었다. 전쟁 이후 많은 관객들이 전쟁에서의 패배를 잊기 위해 무대를 찾아오게 되면서 다시 한 번 다카라즈카는 이전의 영광을 찾기 시작했다. 이 시기에 다카라즈카는 모든 작품들을 소화해 내면서 무대에서 다양한 모습들을 연출해냈다. 1952년의 《겐지 모노가타리》의 공연을 필두로 해서 《햄릿》, 《트리스탄과 이졸데》, 《천일 야화》, 《웨스트 사이드 스토리》 등이 다카라즈카 배우들의 연기를 통해 무대에서 상연되었다.[95]

1958년에 천황 히로이토는 자신의 가족들과 함께 이 극장을 찾았으며, 많은 외국의 저명인사들이 일본에 왔을 때 이 가극을 보는 것이 추천되었다. 이 해에 다카라즈카는 처음으로 예술 대상을 받기도 했으며 끊임없이 해외 공연을 했다. 이후 1989년에는 뉴욕의 라디오 시티 홀의 공연을 통해 세계적 명성을 확고히 얻게 되었다.[96]

1954년에 고바야시는 당시 이러한 성공에 대해 "나 자신도 정말 놀랍다"라고 하면서 그 경이로운 성공에 감탄했다. 1958년에 고바야시는 이 가극의 재정적 지원을 한큐 철도 회사에 부탁하면서 눈을 감았다. 고바야시의 장례식에는 300명 이상의 연극 관계자와 철도 관계자들이 참석했으며 자신의 꿈을 성공적으로 이룬 이 사람의 죽음을 애도했다.[97] 그러나 모든 사람들이 쉽게 즐겨 찾는 가극이 되기를 바랐던 고바야시의 소원과

95) http://aanime.ctw.net/Praline/takarazuka.htm
96) Zeke Berlin, "Takarazuka: A History and Descriptive Analysis of the All-female Performance Company", Ph. D. Dissertation, New York University, 1988, p. 130.
97) 위의 글, pp.123-124.

는 달리 다카라즈카는 현재 대부분 소녀들과 중장년층의 여성들로 관객을 채우고 있고 이는 더 나아가 '다카라즈카=꿈꾸는 소녀들'이란 약간은 부정적인 평마저 받고 있다. 고바야시의 무덤은 사츠키야마의 아자레아 산에 있으며 다카라즈카 음악학교에 들어온 모든 신입생들은 이곳을 참배하는 것이 의무로 되어 있다.[98)]

현재 다카라즈카는 공연에서는 많은 수익을 창출하지 못하고 있다. 특히 일본에서는 대중연극에 대한 공적 지원이 적다 보니, 모든 수익을 티켓 판매에만 의존해야 하는 대중연극으로 흑자를 내기란 무척 어려운 일이다. 가극단이 흑자경영으로 돌아서는 것은 쉽지 않은 일이었는데 그 이유는 막대한 제작비에 있었다. 화려한 의상(도판 28)과 사실적 무대 장치를 위해 드는 비용은 한 극단이 소화하기에는 무리가 있었던 것이다. 실제로 많은 의상은 프랑스의 유명 디자이너에 의뢰하기도 하며, 무대의 사실성을 위해서 코끼리를 무대에 직접 올린 적도 있다

또한 다카라즈카의 대극장주의 방침은 현재까지도 계속 고수되고 있어 다른 단체에 비해 관람료가 여전히 저렴한 편이다. 이런 상황에서도 한큐 그룹의 지원 덕분에 다카라즈카는 유지되고 있다. 2002년 다카라즈카의 배우였던 다지마 쿠미(但馬久美)는 이를 다음과 같이 말했다.

> "여성만으로 구성된 다카라즈카가 이렇게 오랫동안 살아남은 것은 설립자인 고바야시 이치조의 정신과 재정적 지원 덕분이 아닐까 생각한다. 정계에서도 중요한 역할을 담당했으며 기업가이자 문화인이었던 그는 한큐 전철의 창립자로 다카라즈카의 재정적 후원을 뒷받침해왔다. 정부의 지원은 없다. 현재도 한큐 전철에서 일체의 지원을 맡는다." [99)]

---

98) Benito Ortolani, *The Japanese Theatre: From Shamanistic Ritual to contemporary pluralism,* E.J. Brill, Leidenm The Netherlands, 1990, pp. 258-259.
99) 여성신문, 2002년 10월 5일 다지마 쿠미와의 인터뷰.

가극사업부가 수익을 위해 제일 먼저 착안한 것은 문화 소비자가 가장 많은 도쿄에서 일 년 내내 공연할 수 있는 체제를 갖추는 것이었다. 1934년에 도쿄 다카라즈카 극장이 개장되었지만 1944년에 전쟁으로 인해 다카라즈카 대극장과 도쿄 다카라즈카 극장은 폐쇄되었다. 이후 1946년 다카라즈카 대극장이 다시 개장되었고, 다음 해에 도쿄 다카라즈카 대극장이 재개장되었다. 또한 1978년에는 다카라즈카 바우홀이 개장되었다.

'TAKARAZUKA1000days' 극장은 1998년 5월 개장했는데 새로운 '신도쿄 다카라즈카극장'이 완성하는 2001년까지 1000일간 공연을 한다는 의미에서 이러한 이름이 붙여졌다. 당시에 1년 동안 약 100억 엔 가까운 순수익을 올린 것으로 알려져 있으며, 그 수익성은 현재까지도 유지되고 있다.

도판 28. 현재의 다카라즈카 라인 댄스

5. 소결

지금까지 우리는 다카라즈카의 형성과 발전에 대해서 살펴보았다. 지금까지 살펴본 것을 간략하게 정리하면 다음과 같다.

다카라즈카는 현재 많은 팬들을 확보한 일본의 대중 가극이다. 1913년에 오카사의 조그만 변두리 마을에서 시작된 이 가극이 일본의 관객들, 특히 여성관객들의 마음을 사로잡아 가면서, 일본을 대표하는 문화상품으로서 자리매김할 수 있었는가는 흥미로운 지점이라고 할 수 있다.

역사적으로 1913년의 초기에 다카라즈카는 아동극의 형태를 띠었다. 배우들의 연령층은 12세에서 15세에 머물렀으며 현재와 같은 여성가극의 이미지를 강하게 내포하고 있지는 않았다. 당시에 어린 배우들의 무대 실수는 관객들의 흥미를 크게 자극했다. 그러나 고바야시는 다카라즈카 가극이 이처럼 비전문적인 수준에 머무르기를 원하지는 않았다. 그리고 이런 맥락에서 그가 제기한 것이 바로 국민극의 개념이다. 그에게 있어 예술은 단지 지식인만을 위한 것이 아닌 일반 대중을 위한 것이어야 했던 것이다. 공연의 관람료를 낮추고 많은 관객을 끌어들이려는 이러한 노력은 대극장주의와 맥을 같이 한다.

그러나 다카라즈카의 이러한 노력은 도쿄의 비판에 직면해야 했다. 당시 도쿄는 다카라즈카에 대해서 타락한 연극이라든가 가부키극의 어설픈 모방이라는 혹평을 가했다. 이런 상황의 극복을 위해 다카라즈카는 1920년대 말부터 새로운 시도를 하게 된다. 그것이 바로 프랑스 유학파들을 통한 레뷰의 도입이다. 화려한 무대와 의상을 통해 다카라즈카는 가부키의 가극화라는 정신을 상당히 포기하게 되지만 관객들로부터는 더욱 더 큰 인기를 얻게 된다. 고바야시는 이 순간에 레뷰의 문제점을 지적하였지만 도쿄의 진출을 위해서 이를 수용하게 된다. 이후 다카라즈카는 《몽 파리》 공연을 통해 도쿄에서 발판을 마련하는데 성공한다. 그러나 이에 멈추지 않고 세계로까지 시선을 돌린다. 세계 진출을 위해 다카라즈카는 일본의 전통적 요소로 다시 관심을 집중한다. 이는 일본에서는 서양적인 문화, 서양에서는 동양적 문화라는 일본의 이중적 전략을 잘 반영한다. 이제 다음 장에서는 안드로진의 개념을 중심으로 다카라즈카의 또 다른 측면을 살펴보도록 하자.

Ⅲ. 일본미와 양성(兩性)

1. 안드로진과 경계(境界)

인류 역사상 금기(禁忌)[100]는 어느 사회에나 존재해왔다. 원시 사회뿐만 아니라 과학 기술이 현저하게 진보된 현대 사회에서도 금기는 여전히 그 힘을 지니고 있다. 인류학자 레비-스트로스(Claude Lévi-Strauss)는 이러한 금기가 이미 인간들의 공통된 무의식에 기초를 두고 있다고 보았고 한 예로서 '근친상간 금지(incest taboo)'를 들었다.[101] 물론 금기가 이러한 성

100) 금기라는 용어는 금지(禁止), 금제(禁制), 금단(禁斷), 속기(俗忌), 터부(taboo)와 같은 의미로 사용되고 있다. 물론 엄밀한 의미에서는 조금씩의 차이가 있겠지만, 여기에서는 금하고 꺼린다는 두 가지 의미를 모두 강조하기 위해 금기로 통일하여 쓰고자 한다. 각 단어의 기원에 대해서는 알려진 바 없지만 다만 '터부'라는 용어는 폴리네시아어 'taba'에서 유래한 말로, 제임스 쿡(영국)이 1777년의 여행기에 쓴 이후 여러 민족에 흡수됐다고 한다. 또한 언어구조학적 연구에 따르면 'Eta'는 '표시한다', '푸pu'는 '뚜렷하게, 강하게'라는 의미이다. 즉 이상한 것이나 비일상적인 것을 명확하게 표시한다는 뜻으로 해석할 수 있다. 이는 유표식(有標識)에 해당된다. 즉 영어에서는 인간은 Man이라고 하는데, 이 유(類)개념은 종(種)개념으로도 해석이 가능하다. 그러나 여자를 나타내려면 Man이라는 단어 앞에 wo-라는 접두어를 붙여서 말하지 않으면 안 된다. 즉 언어 표현상 특별히 표시되어 있는 것을 가리키는 것이다. 이와 같이 표시된 것은 종종 특이하게 취급되어져 정서적인 부가가치가 붙으며, 또한 신성하고 청정하게 여겨지거나 반대로 더럽고 부정하다고 해서 그것을 만지거나 보는 것이 금지된다.

101) 자세한 사항에 대해서는 Claude Lévi-Strauss, *La Pensée Sauvage*, 안정남 역, 『야생의 사고』, 한길사, 1996의 3장 '변환체계'를 참조하라.

적 금기만을 의미하지는 않는다. 아랍인들이 돼지고기를, 힌두교인들이 소고기를 먹지 않는 것과 같이 음식에 대한 금기도 여전히 존재한다.[102] 또한 "문지방을 밟지 말라", "저녁에는 숨바꼭질을 하지 말라" 등과 같은 경계에 낀 '것'에 대한 금기도 지적할 수 있을 것이다. 특히 이러한 경계성에 대한 금기는 공연에 등장하는 양성성에 대한 분석을 위해서는 눈여겨보아야 할 지점이다. 왜냐하면 일상적 삶 속에서 특별한 의식이나 제의의 세계로 들어가는 순간, 경계에 위치한 존재들은 다시 부활하여 이분법적 질서를 비판하며 새로운 제 3의 공간을 우리에게 제공하기 때문이다.

인류는 항상 코스모스의 세계와 카오스의 세계 속에서 허우적거리며 살고 있었다. 각국의 천지창조 신화를 보면 모두가 혼란스러운 카오스의 세계에 질서를 던져주는 것으로 시작된다. 중국의 경우 『장자』의 내편(內篇) 7편을 보면 혼돈(混沌)이라는 왕이 나온다. "남쪽 바다의 임금을 숙(儵)이라 하고, 북쪽 바다의 임금을 홀(忽)이라 하였고, 그 중앙의 임금을 혼돈이라 하였다. 숙과 홀이 때때로 혼돈의 땅에서 만났는데, 혼돈은 그 때마다 그들을 극진히 대접했다. 숙과 홀은 은덕을 갚기 위해 의논했다. 이에 매일 한 개의 구멍을 뚫어 주었더니, 7일째에 혼돈이 죽어 버렸다."[103] 이는 노자의 『도덕경』 제 25장에서 "분화하지 않은 완전한 무엇이 하늘과 땅보다 먼저 있었다" 할 때의 그 분화되지 않은 무엇과 같은 것이다.

『일본서기』 권(卷) 일(一) 신대(神代) 상(上)에 의하면 일본의 천지창조 신화는 이렇게 시작된다. "그 옛날 하늘과 땅이 아직 갈리지 아니하여, 음양이 미분(未分)일 때, 계란과 같이 혼돈하였고 흐릿한 가운데 형상의 싹이 포함되어 있었다."[104]

---

102) 이러한 음식문화의 금기에 대해서는 Marvin Harris, *Cows, Pigs, Wars Witches: The Riddles of Culture*, 박종렬 역, 『문화의 수수께끼』, 한길사, 1997과 *The Sacred Cow and the Abominable Pig: Riddles of Food and Culture*, 서진영 역, 『음식문화의 수수께끼』, 한길사, 1992를 참조하라. 다만 해리슨의 분석은 모든 것을 너무나 경제적인 차원으로만 해석하고 있기 때문에 책의 제목과는 달리 문화적 차원의 접근이 좀 더 필요하다고 생각한다.

103) 오강남 역, 『장자』, 현암사, 1999, 347쪽.

『구약성서』의 창세기 1장에서도 태초에 땅은 형체가 없고 공허하고 어둠이 깊은 물 표면에 있고 하느님의 기운이 그 물 표면을 뒤덮고 있는 상태였다고 기록하고 있다. 이 카오스를 하느님이 말씀(로고스)에 의해서 빛과 어둠, 하늘과 땅, 바다 짐승과 새 그리고 물고기로 분할함으로써 세계가 탄생했다고 한다.[105)]

또한 오비디우스가 쓴 『로마의 축제일』 1월 1일에 따르면 카오스[106)]는 다음과 같이 말한다.

> "이 맑은 대기와 그 밖의 다른 세 가지 요소, 즉 불과 물과 땅은 한 덩어리였소. 사물들의 불화(不和)로 말미암아 이것들이 일단 갈라서고 제각기 덩어리에서 이탈하여 제자리를 찾았을 때 불은 위로 올라가고 대기는 그 옆자리를 차지했으며 땅과 바다는 중간에 자리 잡았소. 전에는 얼굴없는 둥근 덩어리에 지나지 않던 나는 그제야 신에게 어울리는 외모와 사지를 갖게 되었소." [107)]

이러한 공통적인 신화는 상징적으로 표현하면 혼동의 카오스 속에 한 개의 막대기를 던져 넣어 질서를 잡는 것을 의미한다. 즉 앞과 뒤, 안과 밖, 나의 영역과 타인의 영역과 같은 질서가 잡히는 것이다. 그러나 문제는 코스모스의 세계가 도래한 이후에 그 막대기에 대한 두려움이 발생했다는 것이다. 즉 인간이 질서를 부여받았다는 것은 확실한 이분법적인 사고를 의미하게 되는데, 그 와중에서 막대기와 같은 안도 아니고 밖도 아닌 중간에 낀 경계적 존재가 발생하고 만 것이다. 인류는 이에 대한 두려움을

---

104) 古天地未剖, 陰陽不分, 混沌如鷄子, 溟涬而含牙, 전용신 역, 『완역 일본서기』, 일지사, 2002, 1쪽.

105) 정지강, 『성경전서』, 대한성서공회, 2001, 2쪽, 山内昶, 『タブーの謎を解く食と性の文化学』, 정성호 역, 『터부의 수수께끼』, 사람과 사람, 1997, 132쪽.

106) 실제로 이는 야누스가 한 말이지만 본문에는 카오스라고 적혀있다. 그 이유는 그리스어 chaos가 chaskein('입을 벌리다', '하품하다'라는 뜻)에서 유래했듯이 Ianus란 라틴어 이름도 hiare('입을 벌리다'라는 뜻)에서 유래했다고 보는 것이다. 오비디우스, 천병희 역, 『로마의 축제일』, 한길사, 2005, 25쪽.

107) 앞의 책, 25쪽.

가졌고 그것은 바로 금기가 되었다. 이 분할선, 바꿔 말해 경계-문지방의 기묘한 성질에 대해서, 인류학자인 빅터 터너(Victor Turner)[108]는 이를 '경계성'이라는 개념으로 설명하고 있다.

> "경계성, 혹은 경계에 있는 인간(문지방 위의 사람들)의 속성은 예외없이 애매한 것이 특징이다. 왜냐하면 이런 사람들의 자세는 평소 상태나 지위를 문화적 공간에 설정하는 네트워크로부터 벗어나 있거나, 혹은 그것에서 빠져나와 있기 때문이다. 경계에 있는 사람들은 이쪽에도 있지 않으며, 저쪽에도 있지 않다. 그런 까닭으로 그들의 애매하고 부정확한 속성은 사회적, 문화적 이행을 의례화하고 있는 많은 사회에서는 다양한 상징에 의해서 표현되고 있다. 이렇게 해서 경계성은 종종 죽음이나 자궁, 보이지 않는 것, 암수동체, 황야, 그리고 일식이나 월식에 비유된다." [109]

---

108) 빅터 터너는 연극과 인류학의 만남에 있어서 매우 중요한 역할을 한 사람이다. 그는 응뎀부 부족의 연구를 통해 '사회극(social drama)'이라는 개념을 제시함으로써 공연의 상황보다는 극적인 행위의 전통적 구조에 관심을 기울였다. 『제의에서 연극으로(From Ritual to Theatre)』에서 그의 사회극 개념은 아르놀트 판 헤네프(Arnold van Gennep)의 『통과의례(Rites de Passage)』에 크게 의지하고 있다. 판 헤네프는 개인들이 사회 내의 한 역할로부터 다른 역할로 이전해 가는 의식(儀式)에 초점을 맞추었는데 통과의례는 통상적으로 이 과정과 연관되어 있었다. 터너는 판 헤네프의 통과의례를 고찰하면서 공연의 이탈적 측면뿐만 아니라 공연의 경계성(in-betweenness)을 강조했는데 이는 경계, 주변, 협상의 공간으로서의 공연의 이미지를 말하는 것이다. 판 헤네프의 용어인 분리의식(rites de séparation), 주변(marge or limen) 그리고 통합(agrégation)은 터너에 의해 분리(separation), 전이(transition), 그리고 통합(incorporation)으로 사용되었다. 그는 1974년 『드라마, 필드 그리고 메타포(Dramas, Fields, and Metaphors)』를 통해 판 헤네프의 이러한 모델을 무대극의 메타포적 모델에 어떻게 조화시킬 수 있는가와 어떻게 응뎀부 부족에 대한 분석을 여타 다른 문화권에까지 확장시킬 것인가에 대해 설명했다. 이를 위해 터너는 각 '사회극' 속에서 다음과 같은 유형들을 추적했다: 첫 번째, 이미 확립된 기준에 대한 위반 (판 헤네프의 분리에 상응), 증가하는 위기와 이후 위기 해결의 기제로 사용되는 재정비의 과정(이 두 가지는 판 헤네프의 전이에 상응), 마지막으로 재통합(reintegration)인데 이는 이전의 문화적 상황에 대한 재적응(반 헤네프의 재통합(reincorporation)) 혹은 분열의 지속성에 대한 의식을 의미한다. Marvin Carlson, *Performance: a critical introduction*, Routledge, 2 edition, 2003의 1장과 Victor Turner, *From Ritual to Theatre: The Human Seriousness of Play*, 이기우, 김익두 역, 『제의에서 연극으로』, 현대미학사, 1996의 1장을 참조하라.

109) 山内昶, 『タブ』, 140-141쪽.

도판 29. 문지방

일본의 민속학자 다다 미치타로(多田道太郎) 역시 같은 맥락에서 "문지방은 이것을 넘어 가운데로 들어가면, 다음 공간은 다르다는 것을 나타냅니다. 그곳에서 감정의 변화를 갖기 위하여 문지방이 있는 것입니다. 그 때문에 문지방은 신성한 곳입니다. 문지방 위에 걸터앉거나 무언가를 두면 안 됩니다. 왜냐하면 일종의 상상력을 불어넣어 주는 곳이기 때문입니다"(도판 29)라고 하면서 그 모호한 존재의 신성한 의미를 강조했다.[110] 이외에도 정신분석학자인 줄리아 크리스테바(Julia Kristeva)는 "우리에게 끔찍한 것은, 동일성, 체계, 질서를 교란하고 경계와 장소, 규범을 존중하지 않는 것 즉 이쪽도 아니고 저쪽도 아니어서 마구 뒤섞인 것"이라고 지적했다.[111]

110) 多田道太郎, 『身邊の日本文化』, 김행원 역 (2002), 『생활 속의 일본문화』, 小花, 64쪽.

111) 山内昶, 『タブ』, 141쪽.

도판 30. 이와이 슌지(岩井俊二)의 《피크닉》 1996년

그러나 이처럼 금기시된 경계성에 낀 존재들은 공연예술을 통하여 자신의 존재 가능성을 확인받을 수 있었다. 세상에 대한 다른 시각을 가진, 혹은 일상과는 다른 카오스와의 대면이 이러한 경계성의 공간을 통해 재현되었던 것이다.[112)]

112) 이를 가장 극명하게 드러낸 영화로는 이와이 슌지(岩井俊二)의 1996년 작 《피크닉》을 들 수 있다(도판 30). 영화를 보면 주인공들은 담장 위로 긴 여행을 떠난다. 안도 아니고 밖도 아닌 그 경계에 낀 자들, 그리고 그들이 바라보는 세상은 이곳 현세의 세상과는 다를 것이다. 세상과 격리된 정신병원에서 환자로 서로를 알게 된 코코, 츠무지, 사토루는 이상하게도 처음 만난 순간부터 가까워진다. 지구가 멸망한다고 오해한 이들은 그 광경을 보기 위해 정신병원을 나와 '피크닉'을 떠난다. 바깥세상으로 탈출했지만, 이들은 자신에게 부여된 한 가지 족쇄만큼은 벗어내지 못한다. 그것은 담장 아래로는 내려갈 수 없다는 것이다. 담장과 다리 난간 그리고 건물의 턱을 따라갈 수밖에 없는 이들은 타고난 경계인, 즉 아웃사이더들인 것이다.

2. 일본 사회에 나타난 양성(兩性)

1) 일본 사회와 안드로진

다카라즈카의 가장 큰 매력은 앞서 말했던 경계성의 존재라고 할 수 있는 남성적인 여성, 즉 오토코야쿠를 볼 수 있다는 데에 있다. 많은 관객들이 그녀를 보기 위하여 극장을 찾는다고 해도 과언이 아닐 정도로 오토코야쿠는 많은 팬들을 확보하고 있다. 이러한 현상은 다카라즈카 가극이 관객들, 특히 여성관객들이 원하던 양성적 심성을 잘 수용한 것에 기인한다. 여기에서는 일본 사회에 내재되어 있던 양성의 개념은 어떤 미학을 가지고 있으며 현재 그것은 어떤 방식으로 표출되고 있는지를 살펴보고자 한다. 이는 다카라즈카의 현재 위치를 통시적으로 고찰하게 해 줄 것이다.

도판 31. 안드로진의 이미지

일본의 무대에 나타난 남성이면서도 여성인 존재를 설명하기 위해서는 '안드로진'[113]이라는 단어를 사용하는 것이 적절하다. 그것은 일본인들이 이 단어를 자주 사용하기 있기 때문이기도 하지만 더 중요한 것은 이 단어가 일본 사회의 의상, 화장품, 말하는 방식

113) 양성성(androgyny)이란 그리스어로 'andro'와 'gyn'으로 구성된 용어로 한 개인 안에 남성적 특성과 여성적 특성이 함께 공존하는 것을 의미한다. 이 성향은 개인의 행동에도 매우 바람직한 영향을 끼쳐 정서적으로 더 안정될 뿐 아니라 오늘날 사회가 필요로 하는 융통성과 적응성을 가질 수 있다. 이와 관련하여 플라톤의 『향연』에서도 안드로진의 기원을 살펴볼 수 있다. 인간은 원래 안드로진이라는 완전체였는데 신의 분노에 의해 남성과 여성으로 분리되었고 이 때문에 사라진 반쪽을 그리워해서 남녀가 서로 사랑을 한다는 것이다(도판 31).

등과 연결되어 새로운 성의 창조라는 관념을 내포하기 때문이다. 즉 안드로진이라는 단어가 의미하는 것은 심리학적인 상태일 수도 있으며 '육체의 외향적 정치학' 일수도 있다.

안드로진은 1980년대 중반에 일본의 패션 경향을 설명하면서 자주 대중 매체에 출현하게 된다. 특히 여성들의 남성화된 복장이 하나의 패션을 이루었고 사람들은 쉽게 대중가요 가수들의 복장을 통해서 이를 접하게 되었다. 이러한 패션은 다른 한편으로 일본의 선(禪)미학에 내재된 불이미(不二美)와 깊은 관련을 갖는다. 불이미는 모든 이분법이 해체된 내외합일의 경지에서 발생하는 미다. 이에 따르면 모든 현상세계는 가치를 이분법적으로 혹은 수직적으로 위계화 할 수 없는 공(空)이며 초월적인 본성을 내포한다. 그렇기 때문에 남성과 여성, 부와 빈곤, 미와 추, 선과 악 등 대립이 정지한다는 이러한 선 사상의 양면적 가치는 불확정성 혹은 불투명성으로 나타나게 된다. 특히 성(性)에 관한 측면에서는 성적 차별의 가시화를 중지시킴으로써 양성성, 중성성, 혹은 무성성 등 제 3의 성을 제시한다. 이는 성적 단서를 소멸시키고 관능성을 거부하여 성정(性情)을 모호하게 하는 것을 의미한다. 복식형태에 있어서는 의복형 자체를 거부하고 착용자의 움직임에 따라 새로운 형태를 창조하는 비결정적이며 비구조적인 실루엣을 강조한다. 이는 곧 착용자의 자유로운 정신을 표현한다.[114)]

현재 일본 사회에서 안드로진은 일견 남성/여성이라는 이분법적 구도를 비판하면서 성에 대한 새로운 개념, 즉 성은 선택이라는 함의를 이끌어내고 있다. 이는 무대에서 관객들이 배우의 성을 선택할 수 있다는 측면에서 다카라즈카의 현재적 의미와 일치한다고 생각한다. 즉 안드로진은 일본 사회에서 상징적으로 고정되어 온 (실질적으로는 항상 존재해 왔다) 성에 대한 이미지를 바꾸는데 주요한 개념인 것이다.[115)]

---

114) 이정후, 양숙희,「현대 일본 복식에 나타난 禪미학적 경향에 관한 연구: 1980년대 이후 Rei Kawakubo, Issay Miyake의 작품을 중심으로」,『한국의류학회지』, 21권 7호, 1997, 1194-1195쪽.

안드로진이라는 단어를 일본어로 굳이 번역한다면 양성(兩性: りょせい) 혹은 중성(中性: ちゅせい)으로 정의될 수 있다. 말 그대로 양성은 한 육체 내에 두 성을 갖는 존재이고 중성은 남성과 여성의 중간에 낀 존재이다. 양성은 여성과 남성의 두 특질을 동시에 가지는 개념으로서 두 성기를 모두 갖는 존재로서 남자이면서도 여자이기도 한 존재인 것이다. 반면에 중성은 중간에 낀 존재로서 좀 더 부정적으로 정의한 개념이다. 즉 남자도 여자도 아닌 존재이다. 정리하면 양성은 두 개의 다른 성의 병치이며 조화이며 중성은 성차의 제거를 의미한다. 일본의 안드로진 개념은 이 두 개념 중 양성에 가깝다고 할 수 있다. 그러나 더 중요한 것은 양성의 개념에 다른 타자가 이를 선택할 수 있다는 개방성을 포함시켜야 한다는 것이다.

이외에도 지적할 것은 일본 사회에서는 성을 하나의 역할로서 간주하는 전통이 있다는 것이다. 남성과 여성이라는 성적 차이는 생물적으로는 숙명적일지 모르지만, 사회적 상징으로서는 동등하며 역할 교환도 가능하다. 일본의 전통 문화 속에서는 이러한 역할 교환이 여러 가지 차원에서 자주 등장한다. 그런데 이것은 성의 부정이 아니라 오히려 트랜스 섹스 즉 성의 이동이라는 성격이 강하다.

트랜스 섹스는 종종 일상적이고 정상적인 질서에 비해 비정상적인 것, 다른 것(異), 기이한 것, 광기(狂), 혹은 재미난 것이라는 의미를 포함하고 있다. 게이코(景行) 천황의 아들 야마토 다케루(大和 武尊)가 여장을 하고 구마소(熊襲: 규슈 지역)의 우두머리에게 접근한 것은 기이한 행동이고, 이즈모(出雲:현 시마네 현 동부)의 오쿠니가 남장을 하고 칼을 꽂고 춤을 춘 것 역시 정상의 행위는 아니었으며, 또 가공인물이기는 하지만 살인마

115) 일본 전통 종교에서 성의 혼재를 특징으로 하는 신으로는 에비수를 들 수 있다. 에비수는 일본 전통 종교의 상상에서 자웅동체의 총체를 의미하며 일본 민중 문화에서 이러한 경계성을 가시적으로 나타냈다.
D. P. Martinez (ed), *The World of Japanese Popular Culture*, Cambridge University Press, 1998, pp. 159-160.

단게 사젠(丹下左膳)이 하얀 겉옷 속에 팔랑거리는 여자용 긴속치마를 입은 것은 광기의 상징이었던 것이다. 성 전환한 남자나 성 전환한 여자라는 관념도 상당히 오래 전부터 있었으며, 헤이안 시대 말기에는 여성적인 남자아이와 남성적인 여자아이 쌍둥이의 성격을 바꾸기 위해 남자아이에게는 여장을, 여자아이에게는 남장을 시켜 키웠더니 나중에는 정상을 찾았다는 이야기가 널리 퍼져있었다.

도판 32. 가부키의 온나가타

페티시즘(fetishism)의 한 변종으로 간주되는 복장도착(transvestism)도 일본의 전통 속에서는 어렵지 않게 살펴 볼 수 있다. 예를 들어 제사의 한 요소인 부레이코(無禮講: 연령이나 지위 고하를 막론하고 예의를 전혀 차리지 않는다)나 광란 소동에서 이러한 행위가 종종 여흥거리나 취향으로 등장한다. 이런 예가 아니더라도 가부키의 남성 온나가타(女形: 도판 32)가 약 200년 동안 여성역을 전담해 왔다. 여성 무용에서도 남성의 춤을 매력적인 춤으로 보전하여 소위 여성 기다유(義太夫)[116] 등이 있었고, 이것은 현대의 여검객극과 소녀가극으로까지 이어지고 있다. 이처럼 양성에 대한 개념은 아무런 저항감 없이 일본 대중들 사이에 국민적 예능으로 받아들여지고 지지를 받고 있다는 데서 바로 일본인의 성에 대한 감각적 묘미를 볼 수 있다.

그러나 남자나 여자가 서로 반대되는 성을 '연기'한다는 것은 앞에서도 지적했지만 종종 비일상적이고 비현실적이며 혹은 무언가 다르고 기이한 것으로서, 즉 건전한 것과는 반대되는 괴이한 것으로 생각되는 경우가 많았다. 성의 이동이 제사 때 행해지는 예능에 자주 등장하는 것은, 제사의 공간이 신과 조상이외에도 비일상적이고 피안적인 존재들까지 등장하는 장소라는 것과 관련이 있을 것이다. 즉 일본의 제사에서는 고상한 신들과 함께 저 세상에 존재하면서 현세에서는 보답 받을 수 없는 영혼, 비운으로 죽음을 맞은 후 성불하지 못한 유령, 보통 때라면 꺼리고 두려운 존재인 괴물들까지 모두 불러낸다. 이후 일시적으로 장소를 제공하여 원한을 토로케 하고 이를 위로함으로써 일상 세계에 끼칠지 모를 해악을 미리 피하고자 했다. 이 점을 고려한다면, 제사 때는 이런 것들을 불러내서 말을 시켜야 하며 그렇기 때문에 일종의 미치광이 상태가 되어야 한다. 그리고 이런 다른(異) 상태를 만들어 내기 위해 얼굴에 분칠을 하고 성을 바꾸는 것이 허용되었다. 이 경우 남자가 여자 역을 연기하는 것은 남성으로서의 성

116) 인형극인 조류리와 같은 것으로 원래 남자만 참가할 수 있다. 겐로구(元祿)시대(1688년-1704년)에 다케모토 기다유(竹本義太夫)가 창시한 조류리의 한 파이다.

을 부정하거나 초월한다는 것을 의미하지 않는다. 남녀 양성이 완전히 같은 무게를 지니고 바로 그 한 중간에서 단순한 역할 교환을 행하는 것이다. 그리고 이러한 남녀 상징의 전도를 통해 일상 세계의 음의 부분, 즉 비일상적인 세계를 표출시킬 기회를 가졌던 것이다.[117]

2) 인공미와 양성(兩性)의 혼재(混在)

일본은 오래전부터 양성의 혼재를 하나의 미적 대상으로 고려해왔다. 남성적 사무라이 문화와 여성의 낮은 지위를 고려해본다면 이는 잘 이해가 가지 않는 면이 있다. 왜냐하면 일반적으로 동성애와 양성애는 남성성을 강하게 부정하는 것으로 인식되었기 때문이다. 따라서 우리는 어떻게 이러한 분위기에서 동성애, 실제로는 양성애가 일본에서 '아름답다'라는 미의 기준이 되었는가를 고찰해 보아야 한다.

남성 동성애는 현재까지도 일본에서 대체로 계속해서 받아들여졌으며 근대에 있어서도 마찬가지로 나타났다. 도이(T. Doi)는 당시 미국인은 "일본은 외국 동성애자들을 위한 은거지이다"라고까지 생각했다고 하면서 다음과 같이 말했다.

> "서양의 동성애자들이 일본에 대해서 느끼는 매력은 아마도 일본에서는 동성애에 대한 어떠한 제약도 찾아볼 수 없으며 동성애적 표현에 대한 극도의 관용이 있기 때문일 것이다." [118]

도이는 또한 동성애의 가장 완벽한 예로서 나츠메 소세키(夏目漱石)의 1914년 작품 『마음(心)』을 인용했다. 얼핏 보기에는 잘 드러나지 않지만 이 소설은 가장 일본적인 동성애의 모습을 보여주고 있다. 소설 속에서 여

117) 우메사오 다다오 엮음, 김영선 역, 『일본인의 생활』, 혜인, 2001, 339-344쪽.

118) T. Doi, *The Anatomy of Dependence* (trans. Bester, J.), Tokyo: Kodansha International, 1973, p. 114.

성과의 관계에 들어가도록 자신을 허락한 동성애 주인공은 혼란에 빠지며, 정신적 안정을 찾기 위해 점차로 남성과의 관계에 빠져들게 된다. 이는 불건전하고 타락한 것으로의 이성애와 남성 동료와의 순수한 사랑을 잘 보여주고 있는 것이다.[119] 그러나 도이는 『마음』에서의 주된 동성애 관계가 한 젊은이와 그의 선생이라는 점에서 위계성을 띠고 있음을 제대로 지적하지는 못하고 있다. 이러한 동성애는 17세기부터 동성애 관계에 대한 유교적 태도와 일관된 선상에 있음을 알아야 한다.

일본에서의 성의 혼합에 대한 인식은 미적인 역할을 고려할 때 더 확실해진다. 이는 생물학적 요소보다는 문화적 차이에 기인한다. 일본의 경우에는 순수한 미를 표현하기 위해 젊고 꽃 같은 비단시(美男子) 혹은 비쇼넨(美少年)이라는 전통적으로 숭고한 남성상이 있었던 것이다. 실제로, 남성적 이상을 표현할 때, 서구적 관점에서 비쇼넨은 안드로진과 가장 유사하며, 혼합된 혹은 비결정적인 성이라는 의미를 내포하고 있다.

일본의 미학에서 또 하나 언급해야 하는 것은 인공적이며 비자연적인 것에 대한 찬양에 있다. 왜냐하면 일본인들에게 자연적 재해는 커다란 공포로서 여겨졌으며, 따라서 그들은 망가진 자연을 찬양하지는 않았지만 인간의 손에 의해 다듬어진 자연에서 오히려 편안함을 느꼈던 것이다. 인공적인 일본식 정원은 이런 맥락에서 이해될 수 있는 것이다. 원초적 자연은 공포와 원시성을 상징하지만 인간에 의해 길들여진 자연은 안정을 상징했다. 자연적 여성의 투박한 형태는 자연의 원초적 힘과 연결되었으며 근대의 길들여진 게이샤와는 달리 일본 남성들에게 위협적인 것으로 간주되었던 것이다.

인공적인 미의 이상은 앞서 언급한 가부키의 온나가타에서도 찾아볼 수 있다. 17세기 중엽 이후, 즉 여성들이 관객들 사이에 성적인 광분을 야기시키고 종종 은밀히 매춘을 한다는 이유로 무대에서 쫓겨난 이후, 남성배

119) 나츠메 소세키, 서석연 역, 『마음·그 후』, 서울: 범우사, 2002.

우들이 가부키에서 여성역을 맡게 된 것이다. 복장도착이나 성의 혼합이라는 이러한 생각은 미소년의 전통과 잘 어울리게 되었다. 이후 안드로진의 합리화는 명확히 표현되었다. 성의 본질은 그 성에 속하지 않은 사람에 의해서만 제대로 이해되며 객관화될 수 있다고 본 것이다. 왜냐하면 자신의 성 안에서 태어난 사람들은 그 성의 본능에 의해 인도되며 어떻게, 왜 그들이 그처럼 행동하는지를 이해할 수 없기 때문이다.

이것은 도쿠가와 시대의 가부키 배우인 요시자와 아야메(吉澤菖蒲: 1673-1729, 도판 33)의 말 속에서 더욱 명확히 드러난다.

> "만약 여배우들이 무대 위에 나타난다면 그녀는 이상적 여성의 미를 표현할 수 없다. 왜냐하면 그녀는 단지 그녀의 신체적 특징을 이용하는 것에 의존할 것이며 그렇기 때문에 종합적인 이상을 표현할 수 없을 것이다. 이상적 여성은 단지 남성배우에 의해서만 표현 가능한 것이다." 120)

현재의 온나가타인 반도 다마사부로(坂東玉三郎) 역시 같은 맥락에서 다음과 같이 말한다.

> "우리는 우아한 나이의 여성들을 인격화한다. 우리가 수행한 많은 행동과 움직임은 오늘날의 사회에서 이미 사라진지 오래이다. 실제로, 많은 여성들이 우리를 연구하기 위해 가부키를 보러 온다. 가부키를 통해 그녀들은 그녀 자신들이 어떻게 해야 하는지를 이해할 수 있다." 121)

---

120) Leupp, G., *Male Colors: the Construction of Homosexuality in Tokugawa Japan*, Berkely: University of California Press, 1995, p. 177.

121) Reingold, E. *Chrysanthemums and Thorns: the Untold Story of Modern Japan*, New York: St. Martin's Press, 1992, p. 98.

도판 33. 요시자와 아야메

"어떻게 온나가타가 연기를 하는가"라는 고민 속에서 우리는 성의 형성에 있어서의 행동적 형식의 중요성을 확인할 수 있는 것이다.

그러나 이와 같은 가부키의 '성의 혼재'는 도쿠가와 시대에 유학자들과 정부 관리들의 비판을 계속해서 받아왔다. 그들은 이러한 혼합된 성이 사회를 끊임없이 변화하게 만들며 따라서 사회의 질서와 안정에 위협을 줄 것으로 판단했던 것이다. 게다가 매력적인 남성배우들은 여성배우들이 했던 것보다도 더 심하게 관객들 사이에서 성의 문란함을 야기시키고 있었다. 그러나 당국이 남성배우들에게 공연에서 성적인 의미를 제한하라고 경고를 내렸음에도 불구하고, 그들은 온나가타의 발전을 막지는 못했다. 이는 아마도 안드로진의 이상이 사회 속에서 여전히 강력했음을 반영하는 것이다.

실제로 일본은 다른 어느 나라보다도 서양의 보위 조지(Boy George)나 데이비드 보위(David Bowie)와 같은 안드로진의 외양을 갖춘 많은 스타들을 가지고 있다. 가장 알려진 이런 종류의 스타로는 사와다 켄지(沢田研二)를 들 수 있다. 그는 1970년대와 1980년대의 일본의 아이돌 스타였으며 미소년의 젊음을 잃은 1990년대까지도 여전히 높은 인기를 얻었다. 사와다가 특히 많은 여성들로부터 인기를 얻을 수 있었던 것은 코하(硬派)[122]와 같은 터프한 이미지와 가장 대립적인 지점에 서 있다는 점에 기인했다. 사와다의 인기가 가장 높았던 1980년 대 초의 인기조사에 따르면 당시 일본의 가장 섹시한 남자로는 사와다와 함께 가부키의 온나가타를 연기하던 반도 다마사부로가 뽑혔다. 이 모든 것은 일본 여성들이 양성적인 남성 인물에서 자신들의 이상적인 모델을 발견하고 있다는 것을 의미한다. 비록 현실에서는 나이가 들고, 안정적인 남성상을 찾고 있음에도 공연예술의 공간에서 일본 여성들은 양성적 남성을 꾸준히 선호하고 있는 것이다.

또한 일본 문화에서 양성적 여성의 경우도 그리 낯선 것은 아니었다. 도쿠가와 시대에는 특히 매춘부들이 이와 같은 동성애적 행동으로 높은 인기를 얻었다고 한다. 여성 동성애의 성행위는 당시의 그림을 통해 그것이 사회 깊숙이 내재해 있음을 충분히 짐작할 수 있다. 여성 고객을 위해 매춘부를 제공하는 것은 이상한 것이 아니었던 것이다. 이와 같은 맥락에서 근대에 들어 다카라즈카의 성공 원인을 이러한 미소년의 여성적인 이미지에서 찾아 볼 수도 있을 것이다.

물론 여성의 동성애가 남성의 경우처럼 공개적이었던 것은 아니었다. 여성의 동성애가 도쿠가와 시대에 매우 관용된 것처럼 보임에도 불구하고, 남성 동성애와 비교해보면 훨씬 제한된 것이었다. 이는 19세기 말에 일본에 도착했던 서양인들의 비판에 기인한다. 그 당시에 일본은 근대화를 이루기 위해 안간힘을 쓰고 있었고, 이러한 동성애적인 태도는 서구 사람들에 의해 심각한 것으로 받아들여졌다.

일본에서는 1995년 5월이 되어서야 최초의 레즈비언 잡지인 『프리네(Phryné)』[123]가 출간된다. 대중 매체에서 최초로 레즈비어니즘을 공개적으

122) 여자와 인연이 멀고, 즐겨 정의를 주장하는 완력을 휘두르는 불량배
123) 고대 그리스의 고급 매춘부 이름이다.

로 선언한 것은 1992년에 시마부쿠로 히로코(島袋寛子)에 의해서였다. 시마부쿠로의 이와 같은 공개 선언은 당시의 동성애자들에게 큰 용기를 주었다.

3. 안드로진과 공연

1) 변신(變身)

안드로진과 공연에 대한 가장 정식화된 이론은 앞서도 잠깐 언급한 초기 에도 시대의 요시자와 아야메에게서 찾아볼 수 있다. 그는 가부키의 온나가타를 통해 경계에 낀 배우를 위한 이론과 방법을 가장 체계적으로 연구한 사람이었다. 실제로 가부키의 온나가타였던 요시자와는 변신(變身), 즉 신체적 변화 혹은 신체적 변이라는 불교적 개념을 기본으로 해서 공연과의 적용 가능성을 잘 포착하였다. '변'이란 '변화'를 지칭하는 용어이다. 그리고 '신'이란 가장 종합적인 의미에서 '몸'을 의미하는 용어이다: 이는 단순한 신체적 변화에 머무는 것이 아닌 정신적, 사회적, 역사적 그리고 영적인 모든 변화를 포함한다.[124] 변신이란 용어는 원래 신들이 인간들 사이에서 불교의 가르침을 잘 전파하기 위해 인간의 형상을 취하는 과정을 지칭하였다.

변신과 관련해 불교에서는 여성의 몸이 남성의 몸으로 변신, 변이하는 과정을 해탈의 한 과정으로서 파악한다. 불교 교리에서는 여성의 몸을 오염된 것, 혹은 낮은 차원의 존재를 대표하는 것으로 여기기 때문에 여성의 몸이 남성의 몸으로 변형하지 않는다면 그녀들이 깨달음을 얻는 것은 불가능하다고 한다. 따라서 이 과정을 통해 안드로진의 창조가 아닌 오히려 여성이 '정반대'의 성으로 총체적으로 변환하는 것을 긍정적으로 생각했

124) ぐんじ まさかつ, 『歌舞伎と能の変身』, 東京: 自然と文化, 1988, 4-9쪽.

다. 이는 단숨에 일어나는 것은 아니고 몇 세대를 걸쳐서 남성으로 다시 태어나는 것을 의미했다.

변신은 가부키에서 핵심적인 것인데, 이는 온나가타가 여인의 역을 내재화하는 과정에서 여성 그 자체가 되는 것을 말하는 것이었다. 요시자와에게 온나가타는 여성역을 연기하는 남성 연기자가 아니라 여성역을 연기하는 여성이 된 남성이었다. 다른 용어로 표현하자면 연기자의 변용이 그가 여성역할을 맡기 전에 일어나야 한다는 것이다.

요시자와는 여성을 남성의 고안물이라고 보면서 가부키의 온나가타는 일상생활에서 여성성을 체화(体化)하는 배우여야 한다고 생각했다. 그에게는 단순히 주어진 여성을 연기하는 것은 적절하지도 적당하지도 않은 것이었다. 이후 가부키 배우들 역시 이러한 맥락 속에서 체화된 이상적 여성성을 남성들의 몸에 합체시키려고 노력했다.

요시자와는 또한 온나가타가 자신이 가지고 있는 특유한 여성 관념들로만 연기해서는 안 된다고 보았다. 이를 위해 그는 이상적인 여성의 범주를 도입하였는데 그 각각은 이미 정해진 특징들을 갖고 있었다. 예를 들면 품위 있는 여성을 연기하기 위해서는 위대한 유학자들이 쓴 여성의 태도에 관해 쓴 책들을 살펴보아야 했다. 에도 시대의 연기자들이 사회적으로 낮고 주변인적인 지위를 갖고 있었다는 점을 놓고 볼 때 여성성의 연기가 여성을 위한 큰 가르침에 기초하는 것은 가부키에 상당한 합법성을 부여해 주었다.

이런 맥락에서 요시자와는 양성의 인물을 '이중의 몸'이라고 보면서 주의해야 한다고 생각했다. 그는 양성성을 가진 온나가타가 생물학적 성(섹스)과 사회적 성(젠더)사이의 경계, 남성과 여성사이의 경계, 여성성과 남성성 사이의 경계를 흐릿하게 한다고 말했다. 요시자와가 연기자의 여성역할을 위한 이론과 방법을 공식화하였을 때, 그의 뚜렷한 목적은, 섹스와 젠더가 자연의 순리 상 하나의 신체에 존재할 수 없다는 것을 기본으로 하면서, 경계선과 경계선이 그어지는 것들을 분명하게 구별하는 것이었다. 따라서 요시자와에 따르면 온나가타는 안드로진이 아니라 여성 젠더의 육화를 의미한다. 연기자는 여성들이 닮아야 할 모델로서 그리고 남성을 위한 섹스 대상으로서 명백한 여성이어야 했던 것이다. 실제로 요시자와의 시대에는 온나가타들이 여성만을 위해서 지정된 공중목욕탕에서 목욕하는 것이 묵시적으로 승인되었다.

요시자와의 관점에서 보면 변신의 과정 혹은 변용의 과정은 양성의 혼합을 이미 제외시키고 있다. 그러나 온나가타가 완전한 여성이 될 수는 없는 것이므로 결국, 현실적으로 온나가타는 안드로진이 될 수밖에 없었다. 여성 젠더와 가부키 연기자의 남성적 신체는 변증법적 존재를 형성화하는 것이며 온나가타의 양성성은 타고난 남자로서의 성에 독특한 스타일(머리모양과 의상)을 결부시킴으로써 완성되는 것이다. 이런 관점에서 보면 요시자와가 온나가타에게 요구하였던 완전한 여성이 되라는 요구도 현실적으로는 완전한 양성성의 추구를 위한 노력으로 이해할 수 있을 것이다.

2) 근대화와 안드로진

1868년의 메이지 유신을 거치면서 일본은 사회적 성의 모호함과 성적 혼란 등을 억압하였는데 이는 그것이 사회적 무질서를 야기한다고 보았기 때문이다. 따라서 이 시기에 성은 엄격히 구별되어야 했다. 남성은 머리를 짧게 자르고 양복을 입어야 했고, 여성은 긴 머리를 전통적인 방식으로 쪽지으면서 기모노를 입어야 했다. 표면적으로 국가는 자신이 원하는 방식대로 일을 추진한 것처럼 보인다. 1925년에 긴자거리에서 1,180명을 대상으로 한 일일 조사는 이를 잘 보여준다. 당시에 남자의 67퍼센트는 서구 스타일의 의복을 입었고 여성들의 경우 1퍼센트만을 제외하고 일본적 복장을 입었다.[125)]

125) Jennifer Robertson, *Takarazuka: Sexual politics and Popular Culture in Modern Japan*, Berkely: University of California Press, 1998, pp. 56-57.

도판 34. 오토코야쿠

도널드 로덴(Donald Roden)의 기록에 따르면, 성의 양립성에 대한 표현은 1910년대와 1920년대에 교양있는 도시 대중의 상상력을 사로잡았으며, 대중매체에서 보수파와 자유주의자들 사이의 격렬한 논쟁을 불러일으켰다. 로덴은 다카라즈카 오토코야쿠(도판 34)와 영화에서의 여성같은 남자 스타들, 즉 니마이메(二枚目)를 다이쇼 대중문화의 안드로진이라고 바라보았다.[126] 그러나 남성 니마이메를 다카라즈카의 오토코야쿠와 같은 구

126) Donald Roden, "Taisho Culture and the Problem of Gender Ambivalence", In J. Thomas Rimer (ed), *Culture and Identity: Japanese Intellectuals during the Interwar Years*, Princeton: Princeton University Press, 1990, pp. 37-55.

조적 동형물로 생각한 것은 잘못이었다. 실제로 남성 니마이메는 오히려 백인 사회에서 나타나던 바람둥이에 더 가까웠다. 따라서 니마이메의 역할을 불확정성에 기인하는 매력, 성의 모호함을 보상하는 매력으로 특징짓는 것은 무의미해 보인다.

또 하나의 다른 논쟁은 온나가타의 위치에 관한 것이었다. 논쟁이 제기되었던 한 유명한 포럼은 1914년에 출판되었던 연극잡지 『연운화(演芸画)』의 특별호였다. 발표문들은 매우 균등하게 두 편으로 나뉘었는데, 한편은 온나가타 제도를 유지하는데 찬성하였고 다른 한편은 그것을 비자연적이고 변태적이라고 하면서 비판하였다. 유지해야 한다고 주장했던 쪽의 견해는 다음과 같다.

> "일본에서는 남성들이 여성들보다 모든 면에서 우월하다. 얼굴, 눈, 코 그리고 입에서부터 신체의 형태와 크기에 이르기까지 여성들도 역시 아름다울 수 있다. 그러나 그녀들은 보통 몇 가지의 흠을 가진다. 예를 들면 얼굴은 사랑스러우나 신체길이가 짧다. 이러한 흠들 때문에 여배우들은 남성배우들을 보조할 수 없으며 따라서 남성들이 여성역할을 무대에서 실행하는 것은 지속되어야 한다." 127)

> "여성들을 가부키에 포함시키는 것은 기름과 물을 섞는 것과 같다. (중략) 여배우들은 여학교 학생들과 같은 냄새를 몸에서 풍긴다. 여성배우와 남성배우가 함께 연기하는 가부키를 보는 관객들은 진정한 가부키 전통을 잊게 될 것이다." 128)

이에 반해 하세가와 도키아메(長谷川時雨)는 현재는 독립적인 사고를 가진 여배우의 시대라고 말하면서 비판적 태도를 보였다.

---

127) Naito Meisetsu, Onnagata yoron, *Engei Gaho* 10, 1914, 102쪽; Donald Roden, *op. cit.*, p. 57에서 재인용.

128) Osanai Kaoru, Onnagata ni tsuite,, *Engei Gaho* 10, 1914, 83, 86-87쪽; Donald Roden, *op. cit.*, pp. 57-58에서 재인용.

"비록 온나가타가 역사와 전통을 지니고 있는 것이긴 하지만, 내가 보기에는 젊은 여성의 역을 연기하려고 애쓰면서 분을 얼굴에 칠한 중년 남성이라는 것이다. 그것은 나쁜 취향이며 설득력이 거의 없다. 온나가타는 아담의 사과를 숨기려고 조차 하지 않는다." 129)

같은 논쟁이 1930년대의 군사적 분위기에서도 계속 지속되었다. 한쪽에서는 하나의 예술 형태로서 온나가타는 여배우가 생산할 수 없는 멋을 우리에게 알려주고 있다고 했고, 다른 한편에서는 온나가타의 동성애와 같은 불건전한 생활 방식을 강조하면서 여성의 역할은 여성들에 의해 연기되어야 한다고 주장했다. 그러나 전쟁 기간 동안에 사람들의 정신적 동원과 일체화를 위해서는 전통의 가치화라는 이데올로기가 필요했다. 결국 전통과 멋에 대한 가치 부여가 페미니스트의 주장과 역할을 축소시키게 된다. 이는 가부키의 온나가타를 통해 일본 문화의 우수성을 상징화하려는 노력을 의미했다.

온나가타의 논쟁이 뜨겁게 달아올라가던 시기에 설립된 다카라즈카 가극은 '여성에 의한 남성의 연기'라는 개념을 통해 새로운 가능성을 제시했다. 앞서 언급한 변신의 개념과는 다른 측면을 제시한 것이다. 다카라즈카는 오토코야쿠의 신체가 이상적 남성의 재현과 행위를 위한 주요한 전달체로서 공헌했음에도 불구하고 오토코야쿠는 명확하게 남성 그 자체가 될 수 없다고 보았다. 따라서 오토코야쿠의 연기는 변신이 아닌 모방을 의미하며 이를 통해 양성성을 극대화할 수 있다고 본 것이다. 온나가타에서 '가타'가 모델 혹은 전형을 의미하는 것에 반해 오코코야쿠의 '야쿠'는 배역자의 의무를 암시하는 것이었다. 오토코야쿠의 용어가 주장하는 것처럼 남성을 연기하는 여성은 단지 그 의무를 연기하는 것이었다. 그래서 다카라즈카의 제작진은 남성을 연기하는 배역의 완성을 변형(transformation) 혹은 변이

129) Hasegawa, Tokiame, Onnagata wa nokorimasumai, *Engei Gaho* 10, 1914, 97-98쪽; Donald Roden, *op. cit.*, p. 58에서 재인용.

(metamorphosis) 즉 변신의 관점에서가 아니라 신체 속에 남성적 요소를 배치하는 관점에서 바라보았다.[130)]

오늘날 여성들의 사회적 진출이 활발해지는 것을 보면서 일본의 학자들은 양성 개념의 확산을 동시에 지적하고 있다. 남성 고등학교 학생들은 오늘날 완전히 남성성을 상실했고 성은 혼란에 빠졌다는 말이 나오고 있는 것을 보면 이는 충분히 짐작할 만하다. 그러나 다카라즈카의 오토코야쿠는 이러한 혼란의 관점보다는 오히려 새로운 성의 생성이라는 관점에서 바라보아야만 한다. 왜냐하면 오토코야쿠는 일본 여성들뿐만 아니라 일본 남성들에게서도 성에 대한 새로운 시각을 제시하고 있기 때문이다. 현재 일본 사회에서 많은 여성들은 예전의 강인한 남자에 대해 매력을 느꼈던 것으로부터 이제는 강인하면서도 아름다움이 추가된 남성을 더 선호하고 있다. 남성들 역시 이

도판 35. 다카라즈카 변신 사진

130) 다카라즈카극단에서는 공연 복장을 입고 사진을 찍을 수 있는 기회를 제공하는데, 이는 다른 관광지에서도 어렵지 않게 확인할 수 있는 것이다. 여기에도 '변신'이라는 말을 찾아볼 수 있지만 그것이 진정 다카라즈카가 추구하는 '변신'을 의미한다고 할 수는 없다(도판 35, 36).

러한 변화에 적응해나가고 있는 실정이다. 즉 현재 일본의 많은 여성들은 남성과 여성에 대한 명확한 분리가 아닌 그 둘 모두의 특성을 가진 존재를 다카라즈카에서 발견하고 있으며 남성들도 이를 따라가고 있는 것이다.

도판 36. 다카라즈카 변신 사진을 찍기 위한 복장들

4. 관객의 안드로진 수용

1) 꿈(夢)

다카라즈카는 그 탄생 초기부터 여성의 주목을 받았으며 2차 세계대전을 거치며 더욱 더 여성만의 연극으로 확고한 위치를 차지했다. 남성들이 야구와 같은 스포츠 세계를 통해 그들만의 남성적 공간을 만들어 나갈 때, 한편에서는 또 다른 움직임, 즉 다카라즈카가 있었던 것이다.131)

대부분의 소녀 팬들은 어머니와 그녀의 친구들을 통해서 처음으로 이 가극에 접하게 된다. 무대 위에서 아름다운 젊은 남성을 보는 것 그리고 만화를 통해서 이미 꿈꾸고 있던 자신들의 이상을 현실에서 직접 눈으로 볼 수 있다는 것이 이 가극의 가장 큰 성공 원인이었다(도판 37). 장식과 의상의 화려함과 이국적인 모습은 또 다른 각도에서 이 가극에 매력을 가져온다. 줄거리 역시 그녀들이 꿈꾸는 이상적인 사랑의 형태를 보여준다. 부드러운 남자에 대한 매력은 현재 일본 여성들의 한 모델로서 자리 잡고 있다. 많은 소녀 팬들은 자신이 그리는 이상적 스타일의 남성을 현실에서 많이 접촉할 수 없는 것에 반해, 다카라즈카에서 이를 찾을 수 있다고 한다. 한 여학생의 말을 들어보자.

> "학교 밖에서 남자 친구를 사귈 수는 있지만 제가 원하는 진정한 남성을 보기는 힘들어요. 아버지와 오빠도 그 모델이 될 수는 없어요. 그래서 저는 다카라즈카를 보러 와요. 이곳에는 제가 꿈꾸는 사랑이 들어 있어요." 132)

게다가 이러한 욕망은 일본의 소녀 팬들에게만 한정된 것은 아니다. 다른 문화권으로부터 온 외국인의 경우도 다카라즈카를 보면서 같은 느낌을

131) 모리나카 아이코 양과의 인터뷰, 2001년 7월 6일.
132) 메구치 에미 (17세, 학생)와의 인터뷰, 2001년 7월 8일.

경험한다고 한다. 결혼을 한 주부들의 경우는, 자신들이 젊었을 때 가져 보지 못했던 사랑의 체험을 이 가극을 통해 느껴볼 수 있다고 말한다. 단조로운 가사 일에 지친 많은 여성들이 시간을 내어 다카라즈카로 몰려드는 것은 자신들의 삶에 새로운 활력을 부여하려는 또 하나의 노력인 것이다.[133)]

도판 37. '4개의 꿈' - 파리의 영향으로 불어로 쓰였다.
과거 구미가 4개였을 때를 의미한다.

젊은 여성 팬의 부모들은 이 가극에 대해 또 다른 흥미로운 시각을 가지고 있다. 즉 하나의 '통과의례'로서 다카라즈카를 보고 있는 것이다. 성에 대한 관심을 직접적인 이성과의 만남보다는 남성다운 여성을 통해 부드럽게 해소시키려는 것이다. 부모들은 딸들이 남성에 대한 존재에 위험스럽지 않게 접근하는 방법을 다카라즈카에서 찾을 수 있다고 말한다. 원조교제 등으로 사회문제가 되고 있는 일본 사회에서 부모들은 자신의 딸

133) 다카라즈카 관객의 연령을 살펴보면 10대에서 30대까지가 대부분이다. 하지만 노년층의 여가생활이 전반적으로 낮을 수 있다는 것을 고려해보면 모든 연령층의 사랑을 받고 있다고 결론 내릴 수 있다 (부록의 그림 1을 참조할 것)

들에게 사랑은 아름답고 숭고한 것이라는 것을 가르치기 위해 다카라즈카 속에서 나타나는 로맨틱하고 순수한 사랑을 그 모범으로 삼고 있다. 부모들은 다카라즈카의 배우들이 가져야 하는 엄격한 규율(순수, 정의, 아름다움)을 이 가극을 통해서 암묵적으로 딸들에게 말하고 있는 것이다.

도판 38. 대극장 내부의 상품 코너 – '낭만적 레뷰' 라는 문구

도판 39. 다카라즈카 관련 비디오와 CD

도판 40. 다카라즈카 관련 사진

이러한 사랑의 방식은 선물로서 가시화된다(도판 38, 39, 40). 공연이 끝난 후 많은 팬들은 극장의 배우 출입구에서 오토코야쿠를 기다린다. 팬들은 꽃다발과 작은 선물을 들고 있다. 선물의 내용은 무척 다양하지만 대체로 화장품 세트, 손수건, 사진 등이다. 또는 자신이 직접 뜨개질을 한 옷과 직접 만든 인형들을 넣기도 한다. 일본인들에게서 쉽게 드러나는 정성이 담긴 작은 선물인 것이다. 선물을 준다는 행위는 이들에게 자신이 좋아하는 배우와 관계를 맺는 통로이다.

이에 반해 무스메야쿠(娘役 도판 41), 즉 여성역을 맡은 배우에게 팬들은 일반적으로 아무 관심을 보이지 않는다. 그녀의 존재는 팬들에게는 일종의 경쟁 상대일 수 있을 것이다. 무스메야쿠를 좋아하는 18살의 소녀 요도 미유키의 말을 인용해보자.

> "일반적으로 팬들은 무스메야쿠에게는 관심을 보이지 않아요. 그녀가 아무리 아름다운 기모노를 입고 있어도 관심을 보이지 않지요 사람들은 그녀를 그저 배우일 뿐이라고 보면서 눈살을 찌푸리지요." 134)

도판 41. 무스메야쿠

134) 요도 미유키와의 인터뷰, 2003년 7월 11일.

선물을 주려고 기다리는 팬들 때문에 극장 주위는 북새통을 이룬다(도판 42, 43). 2차 대전 이후에 미국인 연출자 엘머 라이스(Elmer Rice)는 도쿄의 다카라즈카 공연이 끝난 후 여성관객들의 모습을 보면서 상당히 놀랐다고 한다. 그의 말을 인용해보자.

> "수백 명의 열광적인 팬들이 오토코야쿠를 기다리고 있다. 그 여배우는 이 무리들을 쉽게 통과할 수가 없다. 도로는 이미 한 시간이 넘게 이 여성 팬들로 인해 완전히 막혀 있다." 135)

도판 42. 오토코야쿠를 찾아 극장 주위를 뛰어다니는 다카라즈카 팬들

135) Elmer Rice, "On the Modern Theatre of Japan", *New York Times*, 1 November 1936, p. 1. 설문 조사는 열광적인 관객들의 반응을 구체적으로 보여준다. 100명 중에서 연간 30번 이상 다카라즈카를 본 관객이 전체의 24퍼센트에 해당하며 같은 연극을 2번 이상 본 관객이 66퍼센트에 달하는 것은 이를 잘 증명해준다. 부록의 그림 4와 그림 5를 참조할 것.

팬들과 오토코야쿠와의 만남은 아마도 환상과 낭만의 구축에 의존할 것이다. 자신이 꿈꾸고 있는 이상에 대한 추구는 현실 세계에 대한 정보보다는 완결되지 않은 현실의 이야기 속에서 더 큰 매력을 발휘할 것이다. 게다가 환상은 현실 너머의 세계에 대한 상상을 고취함으로써 미래 사회의 주역들에게 안정을 통한 발전을 추구하도록 북돋는 역할을 한다. 다카라즈카의 광고가 꿈, 이상, 낭만과 같은 단어로 묘사되는 것도 그런 맥락에서 일 것이다.

도판 43. 다카라즈카 시(市)의 한 분식점에서 볼 수 있는 사진들

2) 관객의 성적(性的) 정체성

다카라즈카와 성에 대한 언급은 간혹 책들에서 언급되고 있기는 하지만 본격적인 연구는 아직까지 많지 않다. 다카라즈카 가극이 성적인 장면들을 의도적으로 피하거나, 다카라즈카 음악학교 학생들에게 부여되는 정숙함과 같은 요구 때문에 그 관련성을 쉽게 찾아보기가 힘들기 때문일 것이다. 그러나 다카라즈카는 여성만으로 이루어졌다는 점에서 이미 중요한

성적 담론을 내포하고 있는 것이다.

때때로, 오토코야쿠와 팬 사이의 동성애적 관계에 대한 소문이 무성한 것도 이 때문일 것이다. 그러나 배우들에 대한 사적 생활의 제약으로 인해 이러한 주장은 대부분 소문으로 그치고 만다. 많은 팬들은 이러한 동성애적인 가능성을 결코 인정하지 않는다. 한 예를 들어보자. 다카라즈카를 은퇴하고 독신 생활을 하면서 식당을 경영하는 배우가 있었다. 소문에 의하면 이곳은 여배우와 팬들이 은밀히 모이는 레즈비언 바로 소문이 나고 말았다. 그러나 조사에 따르면 이곳은 그저 단순한 레스토랑이었다고 한다. 여성이 남성역을 맡고 있다는 점, 그리고 이성에 대한 엄격한 통제로 인해 배우들이 레즈비언이라는 가정이 무성하게 솟아나고 있는 것이다.

다카라즈카의 한 관객인 아마노 모토코(天野元子)는 팬과 배우들 사이에 잠재적인 동성애가 싹틀 수 있음을 인정한다. 하지만 그것 자체가 큰 사회 문제가 될 수는 없다는 입장이다. 그녀의 말을 인용해보자.

> "팬들의 부모는 이러한 현상에 대해서 전혀 관심을 가지지 않는다. 왜냐하면 그것은 결코 처녀의 순수함을 손상시키지 않기 때문이다. 실제로 동성애가 나타났을 경우에도 일본의 부모들은 현명하다. 이러한 동성애가 사실 있다고 하더라도 그것은 일시적이라고 생각한다. 그것은 어린 시절의 홍역과 같이 한 번 겪기만 하면 사라질 성질의 것이다." 136)

실제적으로 자신이 좋아하는 배우에게 선물을 주면서 애정을 표현하는 것이 동성애와 관계가 있다고 보는 것은 조금은 무리가 있다. 한 중년 여성은 이를 다음과 같이 확인시켜준다.

> "다카라즈카의 오토코야쿠를 보면서 난 청소년기에 내가 가지고 있던 감정을 다시 확인 할 수 있었다. 그것이 내가 이 극을 계속해서 보러 오는

---

136) 아마노 모토코 (주부)와의 인터뷰, 2001년 7월 4일.

이유이다. 만약 내가 이 매혹적인 장소에 오는 것이 멈추는 날 그것은 내 삶의 마지막을 의미한다." [137]

명확한 구분을 하기는 힘들다. 팬과 배우 사이의 관계가 너무나 다양하기 때문이다. 선물을 준다고 해서 그것이 동성애가 될 수 있는가 없는가는 그들 자신에게 달려 있을 것이다. 주위의 관찰자가 이를 분석하는 것은 섣부른 추측이 될 것이다. 그러나 현재까지 다카라즈카는 이 문제로 심한 고민을 하고 있지 않다. 그것은 배우와 관객들이 가지고 있는 다카라즈카에 대한 애정 때문이기도 하지만 새로운 시각을 가진 그녀들에게 동성애의 문제 역시 이미 자연스러운 현상이 되었기 때문일지도 모른다.[138] 이 때문에 이름 그대로 그것은 너무나 소중한 보물(宝)인 것이다.

다카라즈카는 현재까지 남성 관객들을 확보하기 위한 노력을 게을리 하지 않았다. 2차 대전 이전에 한때는 많은 젊은 남성들이 정기적으로 이 연극을 보러 오기도 했다. 다카라즈카는 남성 관객을 끌어들이기 위해 현재 남성 팬 그룹에 직접적인 지원을 아끼지 않고 있다. 아이호카이(愛宝會) 그룹은 80명에서 100여명의 남성 팬을 확보하고 있으면서 그 활동을 전개하고 있다. 하지만 그 성과는 여전히 미지수로 남아 있다. 그 외에도 약 150명 가량의 간사이 지방과 도쿄의 회사원들로 이루어진 또 다른 그룹이 있는 실정이다.

대표적인 여성 팬클럽으로는 다카라즈카 도모노카이(宝塚友の会), 즉 다카라즈카 친구들 협회가 있는데, 3개의 소그룹으로 이루어져 있다. 이들은 매월 자신들의 정보를 모아 책으로 출간하고 있다. 모든 회원들은 다카라즈카가 주최하는 축제나 모임에 정기적으로 초대되며 다카라즈카 놀이

---

137) 나가시마 미도리 (주부)와의 인터뷰, 2003년 7월 5일.

138) 다카라즈카 관객의 동성애에 대해 그다지 큰 거부감은 가지고 있지 않은 듯하다. 설문 조사에 따르년 대부분의 관객들은 "동성애는 개인의 자유"라고 말했나. 100명을 대상으로 한 조사에서 동성애에 대한 반대를 주장한 사람은 단지 12명에 그치고 있다 (부록의 그림 6을 참조할 것)

동산에서도 할인 혜택을 받을 수 있다. 또한 극장의 좌석 예약에 있어서도 우선권이 주어진다. 현재 약 4만 명의 회원을 확보하고 있으며 초기에는 여성만으로 회원을 제한하였으나 1951년부터는 남성들에게도 입회가 허락되었다. 그 외의 다른 집단으로는 대개 중년의 여성들로 이루어진 료쿠호카이(緑宝會)와 한큐 그룹의 직원들로 이루어진 한큐 수미레카이(阪急菫會)가 있다.

다카라즈카의 여성관객들은 이러한 팬클럽을 만들고, 조직적으로 극장을 찾아온다. 과연 그들이 다카라즈카에서 얻고자 하는 것은 무엇일까? 테레사 드 로레티스(Teresa de Lauretis)는 대중영화에서 여성은 무엇을 원하는가를 물으면서 이에 대한 설명을 다른 각도에서 제시한다.

> "여성관객은 스크린 위의 여성 인물을 성적 대상으로 몰래 훔쳐보는 관음적 쾌락을 느낀다. 동시에 남성 인물과 동일시하여 서사를 끌어가고 그녀를 수유한다. 그녀는 남성적 주체이며 동시에 여성적 객체인 것이다." [139]

로레티스는 여성이 생물학적 정체성에 기반하여 욕망을 충족시키기보다는 남성으로서의 상상적인 정체감을 가지고 대중 영화를 즐긴다고 분석했다. 그는 인간의 양성성을 가정하면서 여성은 수동적으로 남성에게 보이는 존재일 뿐 아니라 능동적으로 보려 하는 존재라고 말한다. 여성 관객은 스크린의 남성 배우가 되어 여성 배우를 즐긴다는 것이다.[140]

남성성을 소망하는 여성들, 그런데 방어책으로서, 남성들로부터 위협을 받으리라는 걱정과 보복을 피하기 위해 여성성의 가면을 관객들은 쓴다는 것이다.[141] 여성은 양성적이며 주체가 되기를 원한다. 다카라즈카는 이러

139) 권택영, 『영화와 소설 속의 욕망이론』, 민음사, 1995, 227쪽.
140) 라현숙, "여성만화에서 게이 소재 유행의 메카니즘 분석", 『Buddy』, vol. 4, 1998, 6-7쪽.
141) 위의 책, 233쪽.

한 양성과 주체의 소망을 충족시키기 위한 하나의 문화장치로 볼 수도 있는 것이다.

3) 소녀만화와 여성관객

안드로진이라는 단어는 일본 여성들에게 현재진행형인 단어이다. 왜냐하면 암묵적인 성차(性差)로 인해 일본 여성에게 성적인 혼재는 또 하나의 삶의 공간으로 비쳐지기 때문이다. 그리고 이러한 이상은 일본의 순정만화 속에서 자주 등장한다(도판 44).

도판 44. 일본 만화 속의 안드로진

한 예로 동성애를 소재로 한 작품을 많이 그린 하지오 모토(萩尾望都)는 1986년에 90분가량의 공상 과학 만화영화 『11명이 있다(十一人いる』를 제작한다. 이 만화는 남자가 되고 싶어 하는 한 외계인을 그리고 있다. 이야기의 배경은 미래이다. 각기 다른 배경을 가진 10명의 등장인물들은 우주 학교에 입학하기 위해서 시험을 치르게 된다. 마지막으로 가장 어려운 시험이 제시되는데 이는 버려진 우주선에서 53일 동안 살아남는 것이다. 이 임무는 생명을 건 모험으로서 그 우주선 내에 정체불명의 존재가 침입하면서 전개된다.

등장인물들은 이 문제를 해결하기 위해 노력하지만 서로의 방식 차이로 인해 많은 갈등이 벌어진다. 갈등 속에서 주인공 타다와 안드로진 프롤은 사랑에 빠지게 되고 타다는 프롤이 사람이 아닌 외계인임을 발견하게 된다. 프롤의 별에는 태어날 때 성이 부여되지 않는다. 남성 호르몬을 주입한 후 남자가 되거나 여성 호르몬을 주입한 후 여자가 되는 것이다. 그러나 여성의 경우는 가장 비천한 존재로 취급을 받게 된다. 남자가 되기 위해서는 가족의 장남이거나 혹은 훌륭한 능력을 보여주어야만 한다. 이 때문에 프롤은 그(녀)가 꿈꾸는 남자가 되기 위해서 이 우주 학교에 응시를 한 것이다. 프롤이라는 인물을 통해서 이 만화는 남성의 우월성을 암묵적으로 그리고 있고, 더 나아가 안드로진, 즉 남성도 여성도 아닌 프롤의 존재를 비정상적으로 묘사하고 있다.

그러나 모든 만화가 안드로진의 존재를 부정적으로 바라보고 있는 것은 아니다. 1953년 소녀 만화의 시발점이 된 데즈카 오사무의 『리본의 기사(リボンの騎士: 도판 45)』[142]는 이와는 다른 시각을 가지고 있다. 장난꾸러기 천사의 장난으로 남녀 두 개의 마음을 동시에 지닌 공주 사파이어가 태어난다. 남자가 아니면 왕위 계승권이 없어 사파이어는 남자로 키워지고, 국왕의 형제인 사악한 제랄민 대공은 아들의 왕위 계승을 위해 심복인

142) 《리본의 기사(リボンの騎士)》 의 국내 방영 제목은 《사파이어 왕자》 이다.

나일론 경을 시켜 사파이어의 비밀을 캐내려 한다. 사파이어에게서 남자의 마음을 회수하려는 치크는 그녀에게 남자의 마음이 필요하다고 생각하여 지켜보기만 한다. 이후 사파이어는 제랄민 대공의 음모에 맞서 실버랜드를 지키는데 성공하고 마침내 치크는 남자의 마음을 거두어들인다.

도판 45. 만화『리본의 기사 (リボンの騎士)』

여자가 왕이 될 수 없다는 국법 때문에 여자로 태어난 사파이어는 남자처럼 행세한다. 이를 알고 있는 나쁜 가신들은 이를 밝히고자 노력하게 되어 선악의 극명한 대립 구도로 줄거리는 전개된다. 결국 가신들을 처치한 사파이어는 국법의 개정과 함께 여성으로서 왕위에 오르게 된다. 이 작품 속에서 사파이어는 매 순간마다 옷을 바꿔 입음으로써 위기를 넘기게 되는 데 이를 통해 복장 도착자와 같은 부정적인 이미지가 일본 사회에서 적잖이 변화되었다.

> "실제로는 여자이니까 소녀다운 상냥한 마음으로 살고 싶은 사파이어 공주. 이웃나라의 왕자를 사랑하게 되면서 여장(女裝)을 하여 금발머리 처녀로도 나타나지만 나라를 위해서는 왕자로 살아가야만 했다. 옛날 이야기에 나오는 것처럼 남녀의 구별을 뛰어 넘은 **양성공유(兩性共有)**의 신비한 모습과 성격도, 사파이어에게는 자신이 살려는 삶의 방식을 제한하는 고통일 뿐이다. 데즈카의 작품 아톰이 가짜인간으로 살면서 로봇이라는 본성에서 벗어날 수 없듯. 사파이어도 가짜 남자로 살면서 동시에 여자로서의 본성을 잃지 않는 존재인 것이다." [143]

한 가지 지적할 것은 1928년 11월 3일 오사카의 도요나카(豊中)에서 태어난 데즈카 오사무는 1933년 이후 유년기를 보낸 다카라즈카 시에서 이국적 취향을 잘 나타내던 가극에 빠져있었다는 점이다.(도판 46, 47). 그는 여러 책에서 그 연관성을 다루면서, 다카라즈카 극단에서 남성역을 소화하는 남성적 여성처럼 양성을 모두 소유한 주인공이나 예쁘고 여성적인 남성 캐릭터의 등장 등을 지적했다. 가극의 아름답고 여성적인 남성 주인공들이 어린 시절 그의 뇌리에 깊은 인상으로 각인 되었던 것이다.[144] 그의 말을 직접 들어보자.

---

143) 사이토 지로, 손상익 역, 『아톰의 철학』, 개마고원, 1996, 28쪽.
144) 박인하외 지음, 『아니메가 보고 싶다』, 서울: 교보문고, 1999,. 34쪽.

"나는 어머니에게 이끌려 다카라즈카 가극을 보러 간 적이 많았다. 이 가극은 서구의 무대예술을 흉내 낸 내용들에 불과했지만, 그것은 전혀 다른 세계의 음악과 화려한 무대 의상을 접하게 되는 기회였다. 공연 작품이래야 브로드웨이 뮤지컬의 도용이거나, 물랭루즈의 모방이었지만, 그때는 그런 사실을 몰랐기 때문에 다카라즈카야말로 이 세상 최고의 예술이라고 감탄했다. 《몽 파리》, 《파리 젯트》, 《꽃말 시집(花詩集)》, 《뮤직 앨범》, 《쟈브쟈브 콩트》 등 외국 작품 레뷰가 질리도록 공연되었고, 그때마다 무대에서는 " '아--, 꿈의 도시 파리여!" 라든가 "나의 환상의 도시 맨하탄, 브로드웨이!" 하는 대사가 쉴 새 없이 반복되었다. 덕분에 나는 꿈과 환상에 중독된 착란상태에 빠져 버렸다. 『리본의 기사』는 다카라즈카 가극 중독 증상이 아직 완치되지 않은 상태에서 소녀 만화로 만들어진 것이다." [145]

『사파이어 왕자』와 유사한 줄거리를 가진 이케다 리요코(池田理代子)의 『베르사유의 장미(ベルサイユのばら: 도판 48』[146]는 안드로진의 개념을 가장 확고하게 정립시킨 작품이다. 1972년부터 『마가렛트』에 연재되어 단행본 11권(1,700쪽)의 대작으로 완성된 이 작품을 통해 오스카의 양성적인 이미지는 많은 일본 팬들의 호응을 얻게 되었다. 이는 전통적인 양성에 대한 모습을 가장 이상적인 아름다움의 형태로 부각시킨 것이다.

145) 사이토 지로 지음, 앞의 책, 35-36쪽.

146) 왜 이 만화의 제목이 『베르사유의 장미』인가? 아주 간단히 말하면 피어 있을 때, 가장 찬란한 아름다움을 가진 꽃인 장미는 많은 사랑을 사람들로 받지만 그 꽃이 금방 시들어 버리면 한꺼번에 모든 영광을 상실한다. 오스카는 이 만화의 주인공으로서 장미를 상징하는 인물이다. 그녀는 왕궁에 계속해서 출입하면서 다른 많은 여성들로부터 그 양성미로 인해 사랑을 받는다. 그러나 혁명이 터지면서 그녀는 민중들의 편에 서게 되고 그 와중에서 총을 맞아 죽고 만다. 그녀의 불행한 운명을 작가는 장미에 비유하고 있는 것이다. 남자로 계속 행세하면서 진정한 사랑을 나누지도 못한 채, 그녀는 자신의 연인 앙드레를 남기고 장렬히 전사한다. 안드로진의 이미지를 가진 오스카의 운명을 관객들은 보면서 아쉬움을 가지게 되고 작품은 끝나고 만다. 숭고한 사랑에 대한 미덕을 제시하는 이 작품은 관객들에게 꿈, 사랑, 미에 대한 기준을 제시하고 있다.

도판 46. 데즈카 오사무 만화 박물관

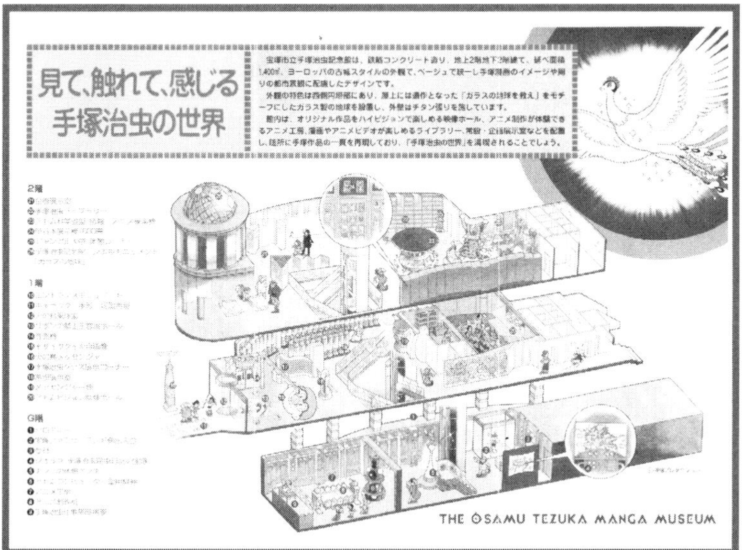

도판 47. 데즈카 오사무 만화 박물관

도판 48. 『베르사유의 장미 (ベルサイユのばら)』

『베르사유의 장미』의 여성-여성 관계는 동성애적이라고 부를 수는 있지만, 평등한 여성-여성의 관계가 아닌 어느 한편이 남성화된다는 점에서 주류 여성 만화의 남성성-여성 관계의 색다른 연장일 것이다. 또한 남성화된 여성인 오스카에게는 페르젠이라는 좋아하는 남성이 따로 있었기 때문에 레즈비어니즘 자체를 만화로 만들었다고 보기는 어렵다. 즉 여성을 이탈하여 양성적 아름다움의 발견이라고 할 수 있는 것이다.

도판 49. 만화『란마 1/2』

『란마1/2』(도판 49)의 원작자로 널리 알려진 다카하시 루미코(高橋留美子)는 이와는 약간 다르게 성전환이라는 소재를 통해 안드로진의 모습을 보여준다. 『란마1/2』은 1996년까지 장장 총 407화, 단행본 38권 분량으로 완성되었고, 후지 TV를 통해 1989년부터 1992년까지 1, 2부, 총 161화가 방영되었다. 이 작품의 환상에 기반한 이야기 구성은 다카하시 식 재미의 결정체로 볼 수 있다. 주인공들의 연애담이라는 러브 코미디의 기본 축 위에 우발적으로 발생하는 성전환이라는 매우 기발한 이야기 재생산 구조가 구축된다. 줄거리를 요약하면 다음과 같다.

사오토메 란마는 아버지와 함께 중국으로 무술 수련을 떠났다가 전설의 연못에 아버지와 함께 빠진다. 그 이후 란마는 찬물에 몸을 적시면 여자로, 아버지는 팬더곰으로 변하는 황당한 마법에 걸린다. 일본으로 돌아온 이들은 아버지의 친구 도장에 식객으로 지내는데, 란마는 도장의 막내딸 아카네와 정혼한 사이로 같은 학교에 다니게 된다. 이후 새로이 출몰하는 란마의 적수들과 학교에서 벌어지는 많은 해프닝들이 남자와 여자로 번갈아 변하는 란마를 중심으로 펼쳐진다. 이 소동들은 란마가 어머니와 재회하고 아카네와 결혼할 때까지 계속된다.

이외에도 많은 만화들이 안드로진을 주제로 다루었다. 작가의 가치관에 따라 안드로진은 때로는 괴물의 이미지나 비정상의 모습[147]으로 때로는 성에 대한 해방자의 형상을 띠고 나타난다. 그러나 확실한 것은 안드로진에 대한 선악을 둘러싼 개념적 전투에서 다카라즈카는 해방자의 손을 힘껏 들어주고 있다는 것이다.

만화와 다카라즈카의 직접적인 관련성을 가장 잘 보여주는 것은 《베르사유의 장미》 이다(도판 50, 51, 52). 매년 같은 제목을 가지고 행해지는 이 가극은 1974년의 초연 이래 현재까지 다카라즈카 성공의 가장 큰 기폭제였다. 그 이유는 이 극이 다카라즈카가 꿈꾸는 양성의 이미지를 가장 잘 드러내고 있기 때문이다. 따라서 오스카라는 양성적 인물에 초점이 중점적으로 놓여지는 것은 당연한 이치였다. 이 공연을 통해 다카라즈카는 일본 예술제에서 대상을 차지하는 영광을 얻기도 했다.

147) 1998년 아쿠타가와상 수상작인 히라노 게이치로의 장편 소설 『일식(日蝕)』 역시 양성을 가진 인물은 비정상적인 인물로 설정하고 마을 사람들에 의해 죽는 장면을 묘사하고 있다.
히라노 게이치로, 양윤옥 역, 『일식』, 문학동네, 1999.

도판 50. 《베르사유의 장미》 무대 분할을 통한 배우 등장 (1974년 초연)

도판 51. 《베르사유의 장미》 (1991년)

성이라는 것은 관습적인 하나의 속성이며 그것이 완전히 확정된 것은 아니다. 남성과 여성에 대한 이분법적인 구도를 깨면서 이 극은 일본의 여성 관객들에게 다른 세상에 대한 전망을 제시하고 있는지도 모른다. 아네트쿤(Annette Kuhn)은 이 점에 대해서 다음과 같이 말한다.

> "의상은 자신의 의지대로 성을 바꿀 수 있는 기회를 제공해 준다. 만약 성의 정체성이 의상에 의해 영향을 받는다면, 이는 다시 말하면 기존의 의상이 이미 성을 결정하며 그 사회의 성에 대한 관념을 반영하는 꼴이 된다." 148)

결국 성의 정체성은 사회의 관습에도 불구하고 개인의 선택에 달려 있는 것이 아닐까? 다카라즈카의 인기의 비결은 바로 이점에 있는 것이다.

도판 52. 다카라즈카의 거리에서 볼 수 있는 《베르사유의 장미》 조각상

148) Annette Kuhn, *The Power of the Image: Essays on Representation and Sexuality*, London: Routledge and Kegan Paul, 1985, p. 53.

4) 《베르사유의 장미》 와 다카라즈카

일본의 만화산업이 세계시장을 석권하고 있다는 것은 이제 더 이상 놀라운 사실이 아니다. 이미 존 렌트(John Lent)는 "이제 전 세계에서 일본 만화에 필적할 만한 상대가 없다"[149]고 하면서 그 산업적 가치를 인정한 바 있다. 실제로 현재 일본에서 하루에 쏟아져 나오고 있는 만화잡지의 단행본은 약 570만권, 연간 약 20억 권으로, 이는 국민 1인당 매달 1.5권의 책을 사서 읽는다는 계산이 나온다.[150] 또한 만화주간지『소년 점프』발행부수는 매주 600만부를 돌파하고 있는데, 이 부수는 요미우리(발행부수 1,000만부), 아사히(860만부) 같은 대신문에 필적하는 것이다.

일본의 만화산업이 이처럼 발전하다보니 대중의 집중적인 관심을 끄는 작품들도 등장하게 된다. 특히 그중에서 일본이 가장 애착을 가지고 있는 장르는 순정만화(일본에서는 소녀만화)이다. 다른 서양의 국가들에서는 이런 장르를 찾아보기 힘들다는 점도 있겠지만, 특히 놀라운 것은 이 소녀만화들의 작품성이 매우 뛰어나다는 점을 들 수 있다. 그 중에서도 몇몇 작가들의 작품은 일본인들에게 서양의 역사를 알리는 역사교과서의 역할을 훌륭하게 해내고 있다는 점에서 주목할 만하다. 유달리 대중의 큰 사랑을 받았던 작품으로는 이케다 리요코(池田理代子: 도판 53)의『베르사유의 장미(ベルサイユのばら)』를 들 수 있다.

이 작품은 만화로서 먼저 성공한 뒤 여성가극으로도 만들어졌으며 더 나아가 프랑스에서는 영화로까지 만들어졌다. 다른 순정만화와 같이 가벼운 소재의 연애담을 다루는 것이 아니라 무거운 역사적 사실을 다루면서도 어떻게 그런 성공을 거둘 수 있었는가 하는 것은 매우 흥미로운 지점이라 할 수 있다. 실제로 이 만화는 일본에서 1970년대에 출판된 이후 1980년대에

---

149) John Lent, "Japanese Comics", (ed), R. Powers et H. Kato, *Handbook of Japanese Popular Culture*, Westport, Conn: Greenwood Press, 1989, p. 230.

150) 1996년 일본출판과학연구소의 출판월보 3월호에 따르면 1995년도에는 일본 전체의 단행본과 잡지 총판매부수가 48억 4천만 권이었고 그 중에서 만화 총판매부수는 18억 9천만 권이었다.

도판 53. 이케다 리요코

이르기까지 계속된 재출판이 있어 왔고, 1994년에는 전 5권(이전에 출판되었던 9권+외전 1권의 내용)과 외전 2권(새롭게 그려진 외전)으로 새롭게 인쇄되었다. 일본에서는 전 10권의 단행본이 1,200만부 이상 팔렸으며, 이 만화를 읽고 프랑스 혁명사를 연구하기 시작했다는 사람도 있을 만큼 프랑스에 대한 일본의 이미지 형성에 결정적 영향력을 끼친 작품이다.[151)]

여기에서는 이 만화의 성공원인을 분석함으로써 서양에 대한 일본인들의 심성 그리고 일본인들의 독자적인 서양사에 대한 해석 방식을 확인하고자 한다. 특히 이 만화는 다양한 매체, 즉 애니메이션, 영화, 연극이라는 형식을 통해 여러 방식으로 제작되었기 때문에 작품의 변천 과정과 일본인들의 다양한 반응을 알 수 있다는 장점을 가지고 있다. 또한 영화의 경우는 프랑스 감독에 의해 만들어졌기 때문에 일본과 서양의 상이한 시각과 그것이 가져오는 문화적 충돌의 문제에 대한 좋은 사례가 될 것이다. 우선 여기서는 이 만화의 성공원인에 매우 치밀한 역사적 고증작업이 있었음을 밝히고자 한다. 그리고 이 작품의 이국적 취향을 『베르사유의 장미』의 모태가 되었던 『리본의 기사』를 중심으로 해서 살펴볼 것이다. 마지막으로는 가극과 영화라는 두 장르에 나타난 이 작품의 특성을 살펴봄으로써 일본과 프랑스의 문화적, 미학적

151) 대표작을 보면 우리는 그녀가 서양의 역사에서 소재를 취하고 있음을 쉽게 확인할 수 있다. 『베르사유의 장미』 이외에도 『광영의 나폴레옹 에로이카』와 『여제 에카테리나』 그리고 러시아 혁명을 배경으로 한 『올훼스의 창』 모두가 그녀의 작품이다.

차이를 확인하고자 한다.

4-1) 철저한 역사 고증

이케다 리요코의『베르사유의 장미』는 1972년 주간『마가렛트』21호부터 다음해 52호까지 82주에 걸쳐 연재되었다. 이 만화는 《캔디 캔디》와 더불어 일본 뿐만 아니라 우리나라에까지 폭넓은 영향을 끼치며 일본 '소녀만화'의 커다란 틀을 확립했다고 평가받는다.[152]

도판 54. 만화영화《베르사유의 장미》등장인물들

152) 1973년 방영된 아니메 판 《베르사유의 장미》는 미형 캐릭터를 잘 그리기로 소문난 아라키 신고(荒木伸吾)와 히메노 미치(姬野美智) 두 사람이 그려낸 화려한 캐릭터와 빼어난 영상연출, 그리고 짜임새 있는 스토리 전개가 어우러진 수작이었다. 그러나 애니메이션이 방영된 시기가 원작의 인기가 식은 뒤여서 시청률은 그다지 좋지 못했다. 그러다가 재방영되었을 때 여중생들을 중심으로 시청률이 점차 상승하는 저력을 자랑했다.

『베르사유의 장미』는 주인공 오스카를 중심으로 전개되는데 그 줄거리를 간략히 정리하면 다음과 같다. 아들을 간절히 원하는 자르제 백작에게서 태어난 여인 오스카는 아름다운 용모에도 불구하고 검을 다루며 군인으로 키워져 왕비 마리 앙투아네트의 근위병이 된다. 어릴 적부터 함께 자라온 앙드레에게 혈육 이상의 감정을 느끼지 못하던 오스카는 앙투아네트의 정부인 페르젠을 짝사랑하게 되고, 여성인 자신과 남성으로 키워진 자신 사이에서 갈등한다. 이때 프랑스 혁명의 발발로 오스카의 갈등은 혁명의 불길에 휩싸인다. 앙드레와 결혼을 약속하나 죽음으로 슬픈 최후를 맞고, 왕비 마리 앙투아네트도 단두대의 이슬로 사라지고 만다.

도판 55. 만화 속의 루이 16세

도판 56. 루이 16세 초상화

우선 이 작품이 역사만화로서의 높은 위치를 갖게 하는 데는 작품의 등장인물들(도판 54)이 대개 실존 인물들로서 사실감을 극대화시켰다는 점에 있다. 예를 들면 루이 16세, 마리 앙투아네트, 마리아 테레지아, 페르젠, 메르시 대사, 뒤바리 부인, 자르제 장군(오스카의 아버지로 이케다 리요코가 설정한다), 노아이유 백작부인, 폴리냐크 부인, 로앙 대주교, 잔느, 로자리, 오스카와 결투를 하려 했던 드 게메네 공작, 로베스피에르, 생 쥐스트

등이 그들이다. 특히 대단히 인상적인 것은 그녀의 인물 그림이 실제 인물들의 모습과 매우 흡사하다는 점이다. 한 예로 루이 16세(도판 55, 56)와 마담 뒤바리(도판 57, 58)의 모습에서 머리 모양과 체격은 당시의 그림과 조상과 매우 흡사하다. 이는 이케다 리요코가 자신의 상상에 의해서 인물을 그리지 않고 당시의 자료들을 토대로 해서 인물들의 모습을 설정하고 있음을 잘 보여준다.

도판 57. 마담 뒤바리

도판 58. 뒤바리의 흉상

이와 더불어 이케다 리요코의 작품속에서 흥미로운 것은 등장인물들의 성격과 성장배경 등을 구체적으로 설명함으로써 인물들에 대한 이해를 돕고 있다는 점이다. 예를 들면 이 작품에서는 로베스피에르의 언급 부분에서 그의 불행했던 어린 시절과 루이 르 그랑 학교의 입학 등에 대한 삽화와 간단한 설명을 덧붙이고 있으며 네케르, 루소와 같은 부수적인 인물에 대해서도 상세한 주를 할당하고 있다. 이는 작가가 단순한 허구의 창작이 아닌 역사적 사실에 바탕을 두고 이 작품을 그리려고 했다는 점을 잘 보여준다.

허구의 인물로는 오스카, 앙드레, 마론 그랏세 몽블랑, 제로델, 알랭, 니콜 라 모리엘, 샤를롯트, 베르나르 샤틀레 등을 들 수 있다. 특히 주인공 오스카와 관련된 모든 것은 허구이다. 따라서 실제 주인공과 관련되어서 스토리가 전개된다는 점을 생각해본다면 주요 내용은 일본인의 정서에 맞도록 재구성되어 있음을 알 수 있다. 예를 들면 오스카의 친 어머니였던 자르제 부인이 앙투아네트의 시녀였던 것은 사실이지만 오스카가 그녀의 딸이었던 것은 아니었다. 그리고 로자리의 경우는 실제인물이기는 하지만 만화에서처럼 폴리냐크 부인의 친딸이 아니었으며 단순히 앙투아네트가 갇혀 있던 콩시에르쥬리의 시녀였다. 여기서 고려해야 되는 것은 어디까지가 실제이며 어디까지가 창작인가라는 점을 정확하게 지적하는 것이 매우 어렵다는 점이다. 이 작품의 가장 큰 단점이 되는 부분이 바로 이처럼 허구의 인물들과 실제 인물들을 구별하지 못하게 한다는 점에 있다. 그러나 이는 다른 한편으로 보면 일본인들이 가지고 있는 프랑스 혁명에 대한 심성을 보여준다고 할 수 있다. 배경은 사실적으로 그리면서도 실제 이야기는 가장 일본적인 모습으로 그린 것이다. 따라서 이들 인물들의 행동 자체는 허구이지만 그럼에도 당시의 상황 속에서 어색하지 않게 그 역할을 소화함으로써 당시의 시대상을 잘 설명하고 있다.

도판 59. 만화 : 여성들의 베르사유 진격

한편 이 작품의 주요 사건들은 대부분 역사적 사실을 매우 엄격하게 고증함으로써 독자들에게 높은 신뢰감을 부여하고 있다. 즉 삼부회, 목걸이 사건, 바스티유 함락, 바렌느 사건, 1789년 10월 5일 파리 여성들의 베르사유 진격(도판 59, 60) 등과 같은 중대한 사건은 말할 것도 없으며 더 나아가 조그마한 에피소드까지도 경우에 따라서는 매우 치밀하게 그리고 있다. 예를 들면 루이 16세가 드레스 색을 보고 벼룩색이라고 말했다던가 앙투아네트가 초상화를 그리는데 화가가 물감을 떨어뜨려서 죄송해한다는 것 등을 보면 이케다 리요코가 얼마나 꼼꼼히 사료를 조사했는지 알 수 있다. 이 뿐만 아니라, 그녀는 곳곳에 독자들을 위한 설명을 잊지 않는다. 한 예로 1786년 5월 31일 수요일의 목걸이 사건 판결에서 이케다 리요코는 잔 바로아 드 라 모트 부인이 태형 후, 양어깨에 V자 인두를 찍는다는 판결에 대해 주를 달아 "V자 인두는 도둑을 뜻하는 Voleuse의 이니셜이다"[153]라고 설명함으로써 작품의 이해를 돕고 있다.

도판 60. 민중삽화; 여성들의 베르사유 진격

또한 부차적이긴 하지만 목걸이 사건를 다루는 장면에서는 묘사된 목걸이(도판 61, 62)는 실제와 아무런 차이가 없으며, 콩쉬에르쥬리에서 마리 앙투아네트가 갇혀 있던 방(도판 63, 64)에 대한 그림도 역사적 고증을 바탕으로 해서 그렸음을 알 수 있다.

도판 61. 만화 속의 목걸이

도판 62. 실제 목걸이

153) 만화에는 Veleuse라고 함으로써 표기의 오류가 존재한다.

또한 이 작품의 매력은 그림 곳곳에 1710년대부터 1760년경까지의 로코코 양식이 잘 표현되고 있다는 것이다. 내부를 빈틈없이 채운 실내장식, 사랑을 주제로 한 그림 등을 어렵지 않게 발견할 수 있으며 곡선을 복잡하게 융합한 무늬인 아라베스크와 시누아즈리(Chinoiserie)의 드레스도 작품 곳곳에 효과적으로 삽입되어 있다. 이와 더불어 바스티유 감옥, 베르사유 궁전, 프티 트리아농(Petit Trianon),[154] 국왕일가가 1792년에 갇혀 있던 탕플 탑(Temple: 도판 65, 66)과 같은 경우도 그림 하나하나가 매우 사실적으로 그려져 있다.

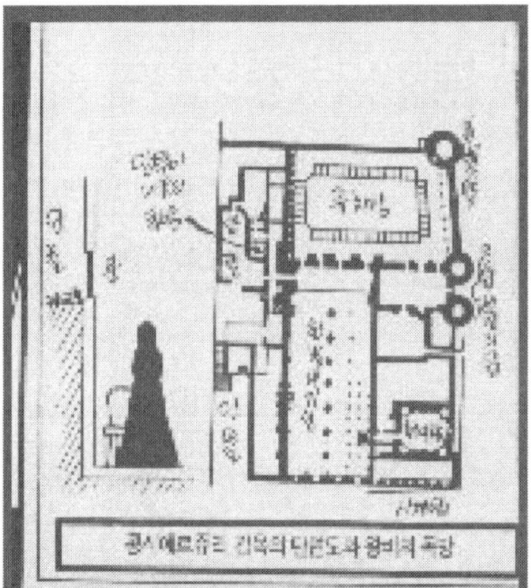

도판 63. 만화 속의 독방

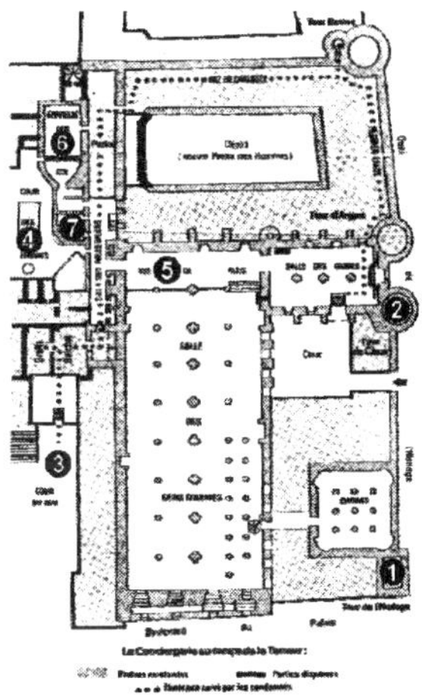

도판 64. 실제 독방 도면

154) 마리 앙투아네트가 아끼던 별궁으로 원래는 루이 15세가 그의 애인 퐁파두르부인을 위해 지은 것이다. 후에 루이 16세가 마리 앙투아네트에게 주었고 실내 장식은 그녀의 취향에 따라 변경되었다. 그녀는 자녀들과 함께 이 별궁을 자주 찾았다고 하는데 궁전의 화려한 삶에 지친 왕족들이 숨을 돌리던 곳이기도 했다. 매우 단순하면서도 우아한 건축양식으로 이 건물에 딸린 정원은 기하학적인 프랑스 정원과 달리 영국스타일의 정원에 중국정원을 혼합한 스타일이다. 이 정원 한 구석에는 소박한 농가에서 목가적인 생활을 즐겼던 시골 마을이 있다.

이케다 리요코가 슈테판 츠바이크(Stefan Zweig, 1881-1942)의 원작[155) 『마리 앙투아네트』를 참고로 해서 이 만화를 그릴 때 그녀는 장면 하나하나를 이러한 고증의 과정을 거쳐서 그려냈던 것이다. 이를 통해서 독자들은 프랑스의 건축 양식과 당시의 사회적 상황을 자연스럽게 접할 수 있는 것이다.

도판 65. 만화 속의 탕플탑

도판 66. 당시의 탕플탑

155) 우리나라에서는 도서출판 까치에서 출간되었다. 그는 1932년 쓴 *Marie Antoinette* 에서도 자신의 주특기인 심리적인 추리기법을 즐겨 이용하였으나, 어디까지나 확실하고 올바른 근거에 의지한 추론을 이용함으로서 독선이나 무분별한 상상을 피하고 있다. 츠바이크는 앙투아네트 왕비에 대한 자료는 굉장히 많다는 것을 인정하면서 그녀의 삶은 좀 더 객관적으로 그리고자 노력한다. 실제로 앙투아네트를 성녀와 같이 묘사한 자료가 있는가 하면, 혁명의 적이라는 사실에 집착하여 그녀에 대한 모든 것을 깎아내리는 자료도 있기 때문이다. 이 책의 서문에서 그는 진실은 중용에 가까이 있다고 말하고 있다. 슈테판 츠바이크, 박광자, 전영애 역, 『마리 앙투아네트, 베르사유의 장미』, 까치, 1992.

또한 그녀는 연재를 마치고 난 1973년 11월에 자신의 만화 속에 나타난 역사적 오류를 9권 마지막 페이지에서 밝히고 있다. 우선 그녀는 프랑스 위병의 것으로 그린 제복이 실은 근위대의 것으로 자료가 늦어져서 정정할 수 없었던 점을 독자들에게 사과하고 있다. 또한 오스카가 착용했던 군복이 19세기 초의 나폴레옹 시대의 것이지만 미적인 차원에서 굳이 사용했다고 말한다. 이외에도 용어상에서 오스트리아 공주시절의 마리 앙투아네트의 이름은 마리아 앙투니아이지만 저학년 독자의 혼란을 피하기 위해서 마리 앙투아네트로 통일하고 있다고 지적한다. 이처럼 그녀는 자신이 가지고 있던 프랑스에 대한 단순한 상상이 아니라 대단히 치밀한 역사적 고증작업을 바탕으로 작업을 했으며 자신의 역사적 오류를 정확히 밝히는 배려를 잊지 않고 있다. 바로 이런 점 때문에 우리는 이 만화를 진정한 "역사만화"라고 부를 수 있는 것이다.[156)]

4-2) 이국적 취향

『베르사유의 장미』의 또 다른 성공 원인으로 우리는 이 작품이 가지고 있는 이국적 취향을 들 수 있을 것이다. 특히 여기에서 지적해야 하는 것은 이러한 전통이 앞서도 언급했던 일본 순정만화의 효시라고 할 수 있는 데즈카 오사무(手塚治虫)의 1953년 작품 『리본의 기사(リボンの騎士)』에 뿌리를 두고 있다는 사실이다. 실제로 이케다 리요코는 이 작품에 크게 영향을 받아 『베르사유의 장미』를 창작했다고 한다. 《리본의 기사》는 일본 최초의 소녀대상 만화 잡지였던 『소녀클럽(少女クラブ)』에 1953년 1월호부터 1956년 1월호까지 연재되었으며 1967년에는 애니메이션으로까

156) 이러한 그녀의 고증 작업은 러시아 혁명을 배경으로 한 『올훼스의 창(オルフェウスの窓)』에서도 살펴볼 수 있다. 실제로 그녀는 이 만화작업을 위해서 독일과 러시아를 여러차례 방문했다고 한다. 이 때문에 이 작품에서도 레겐스부르크의 골목길, 러시아 정치범 수용소였던 페트로바블로프스크, 아나스타샤가 결혼하는 성 이삭 성당, 겨울 궁전, 도나우강과 성 페델스 사원도 실제건물과 아무런 차이가 없다.

지 제작되었다.[157] 줄거리를 보면 이 만화가 『베르사유의 장미』의 모태가 되었음을 어렵지 않게 짐작할 수 있다.

이 만화는 서양 중세 유럽을 배경으로 하면서, 기독교와 그리스 신화의 요소들이 곳곳에 들어 있어 당시 일본 소녀들의 이국적 취향에 잘 맞아 들어갔다. 스타일 면에서는 손바닥보다 더 커다란 눈, 긴 속 눈썹, 오똑한 코, 머리의 반밖에 안 되는 허리 사이즈가 주인공의 내적 감정을 표현하는 데 매우 유용하게 사용되고 있다.

이에 대해 데즈카 오사무는 다음과 같이 지적하고 있다. "내가 그린 작품 중에서 『리본의 기사』라는 만화가 있다. 나는 언젠가 외국에서 이 만화를 소개한 적이 있는데, 외국인들은 한결같이 고개를 갸우뚱했다. 그들의 의문은 '주인공의 모습이 전혀 일본인을 닮지 않았다'는 것이었다. 특히 주인공의 커다란 눈과 눈 속에 빛나는 별이 이상하다는 것이다. 예사롭고 평범한 얼굴에 가느다란 눈매, 눈꼬리가 올라간 일본 여자의 얼굴에 익숙하던 그들에게는 어쩌면 당연한 일이었는지도 모른다. (중략) 외국인으로부터 '일본 만화에 왜 서양 사람이 나오느냐'라는 질문을 받을 때마다 나는 이렇게 대답한다. 이것은 일본 여성의 이상형입니다. 일본 여성들의 체격 조건은 점점 서구화되고 있으며 화장은 물론 패션 감각도 대단해졌습니다. 변화를 원하는 일본 여성에게 이상형을 보여주어야 한다고 생각합니다."[158]

그러나 『리본의 기사』에 나온 인물들은 서양인의 외모를 그대로 모방했다고 하기보다는 일본인들이 생각하는 서양의 이미지를 반영했다고 보는 것이 더 정확할 것이다. 실제로 등장인물들의 모습은 일본인들이 생각하는 서양인들의 외모를 특징적으로 드러낸 것이며, 그 근간에는 이국적

---

157) 국내에서는 《낭랑공주 TBC》, 《사파이어 왕자MBC》라는 제목으로 방영되었으며 미국에 소개될 때는 일본어 원제의 양성적인 뉘앙스를 유지하기 위해 《공주 기사(Princess Knight)》로 번역되었다.

158) 데즈카 오사무, 정윤아 역, 『어머니는 나에게 하고 싶은 일을 하라고 하셨다』, 누림, 1999, 219-220쪽.

취향에 대한 동경이 내포되어 있다고 할 수 있다. 이는 다른 여타의 순정만화에서도 어렵지 않게 찾아볼 수 있는 것이다.

데즈카 오사무는 『리본의 기사』가 여성들만이 출연하는 다카라즈카 가극의 이국적 취향에 영향을 받아 만들어졌다고 말한다. 실제로 당시의 다카라즈카 가극은 1927년에 프랑스의 레뷰(Revue)를 극에 도입함으로써 이국적 취향을 가장 잘 이용하고 있었다. 데즈카 오사무가 보았다고 하는 《몽파리(Mon Paris)》는 당시 파리에서 흥행하고 있던 리도 쇼와 물랭루즈 쇼의 기법을 사용한 작품이다. 줄거리 역시 한 신혼부부가 세상을 돌아다니면서 겪게 되는 흥미진진한 이야기를 축으로 하면서 인도, 이집트, 상하이 그리고 파리를 배경으로 하고 있다.

우리가 『베르사유의 장미』에서 주의있게 바라보아야 하는 것도 바로 이러한 이국에 대한 동경이 크게 부각되고 있다는 점이다. 실제로 역사적 사실을 제외한 오스카, 앙드레, 페르젠 그리고 마리 앙투아네트의 이야기들은 베르사유 궁정의 화려한 외관과 휘황한 로맨스를 배경으로 하고 있다. 또한 이와 반대로 이 작품에서 등장하는 빈민굴의 삶은 주인공들의 아름다운 모습을 부각시키기 위한 것으로 그려지고 있다. 한 예로 로자리가 한 순간에 귀족사회에 편입되어 무도회에서 춤을 추고 더 나아가 왕비와의 만남을 기대하는 장면 등은 일본 소녀들의 정서를 대변하고 있었다고 할 수 있다. 바로 이러한 점 역시 이 작품의 또 다른 성공원인인 것이다.[159)]

---

159) 한 예로 일본 소녀들의 이러한 태도는 나카시마 데츠야(中島哲也) 감독의 《불량공주 모모코(下妻物語)》에 잘 나타나 있다. 2004년 키네마 준보 베스트10에 선정될 정도로 이 영화는 일본에서 크게 성공을 거두었다. 영화에서 모모코는 로코코풍의 드레스를 항상 입고 다니면서 화려한 베르사유 궁전에서의 춤을 꿈꾼다.

4-3) 가극과 영화

지금까지 『베르사유의 장미』의 성공원인으로 철저한 역사적 고증 그리고 서양, 특히 프랑스에 대한 동경을 지적했다. 그러나 더 근본적인 원인으로 들 수 있는 것은 이 만화가 서양문화를 대단히 일본적인 미학방식으로 해석하여 수용하고 있다는 점이다. 이러한 측면에서 주목해야 할 것이 바로 이 책의 주제인 다카라즈카이다. 다카라즈카는 《베르사유의 장미》(도판 67)를 1974년의 초연한 이래 현재까지 거의 매년 이 작품을 무대에 올리면서 큰 대중적인 성공을 거두고 있다. 다카라즈카는 이 작품을 통해 오스카의 양성적 이미지를 가장 잘 드러내고 있다고 평가받는다. 공연에서는 내용의 한 측면을 강조하면서 다양한 방식으로 각색되었다. 《베르사유의 장미: 오스카편》, 《베르사유의 장미: 페르젠편》, 《베르사유의 장미: 오스카-앙드레편》 등과 같이 등장인물 가운데 누구에게 초점을 맞추는가에 따라 극의 전개 방식이 상당히 달라졌다. 중요한 것은 이 극을 통해 다카라즈카의 인기가 이전과 달리 소녀 팬에서 중년 여성, 심지어 남성 팬으로까지 넓혀졌다는 점이다.

다카라즈카는 《베르사유의 장미》를 통해 2차 대전 이후 명실공히 대표적인 일본의 여성극으로 자리잡게 된다. 그 배경에는 다카라즈카가 일본인이 가지고 있던 양성의 이미지를 극 속에서 적절하게 사용했음을 지적할 수 있다. 오스카는 극 속에서 끊임없이 성적인 정체성에 문제를 제기한다. 관객들은 극이 진행되는 와중에서 오스카를 남성으로 혹은 여성으로 선택할 수 있는 기회가 부여된다. 그러나 궁극적으로 극은 어떤 선택도 강요하지 않는다. 선택은 관객의 개인적 경험 속에서 이루어진다. 따라서 일견 모순적인 대사가 성을 결정하는 순간에 쉽게 나타나게 된다.

도판 67. 다카라즈카의 오스카와 마리 앙투아네트

그 한 예로 오스카가 아버지와 나누는 대사를 들어보자.

오스카: 아버지, 대답해 주세요 제발!

아버지: 오스카?

오스카: 만약, 만약 제가 평범한 소녀로서 키워졌다면 저는 제 자매들처럼 15세에 결혼할 수 있었겠지요? 또, 저는 아리아를 부를 수 있으며 아름다운 옷들을 마음껏 입을 수 있었겠지요?

아버지: 오스카 그만!

오스카: 제발 대답해 주세요! 저도 아름다운 비로드 옷을 입을 수 있고, 장미 향수를 뿌릴 수 있겠지요. 저도 아이를 낳을 수 있고 기를 수 있겠지요.

아버지: 오스카!!

오스카: 제발 대답해 보세요!

아버지: (근엄하면서도 꿈속의 말처럼) 그렇다. 네가 말한 것처럼 너도 이제부터는 보통의 여자처럼 살도록 해라.

오스카: 아버지, 감사합니다.

아버지: · · · · · ·

오스카: 저에게 여자로 살 수 있는 기회를 주셔서 감사합니다. 그러나 제가 여자로서 살 수 있기는 하지만 저는 또한 남자로서도 살 수 있는 것이지요.

아버지: 오스카!

오스카: 사실 저는 아무런 후회도 하지 않습니다. 저는, 저는 전쟁의 신 마르스의 아이로서 살 것입니다. 저는 제 모든 것을 칼에 바칠 것입니다. 저는 제 몸을 대포에 바칠 것입니다. 저의 생은 군대 속에 있습니다. 저는 전쟁의 신 마르스에게 저의 아이를 바칠 것입니다.[160)]

오스카는 아버지의 결정으로 인해 보통의 여성적 삶을 포기하게 된다. 따라서 아버지에게 여자로서 살 것을 요구하지만 아버지가 이를 허락하자 남성으로서 살 것 역시 바라게 된다. 오스카는 남성의 성도 함께 가지면서 더 넓은 세계로의 접근을 바라고 있는 것이다. 이는 원작에서 오스카가 남성의 성만을 선택하는 것과는 큰 차이를 보이는 부분이다. 다카라즈카는 원작을 각색하면서 양성의 이미지를 더욱 부각시키고 있는 것이다. 오스카의 의상은 가장 남성적인 자태를 표현하고 있다. 그는 칼과 훈장 등을 강조하면서 성에 대한 또 다른 개념을 제시한다. 칼과 대포 그리고 꽃과 아이의 대립 역시 오스카라는 한 인물 속에 무리 없이 잘 융합되고 있다.

관객들의 대부분은 이미 《베르사유의 장미》의 줄거리를 만화를 통해 알고 있다. 그녀들에게 가극은 만화속의 양성적 인물을 직접 볼 수 있는 기회를 제공하는 공간인 것이다. 결국 오스카와 같은 양성적 인물에 대한

---

160) 操子辻, 『虹のフウアンタジア』, 新浪漫社, 1976, 165-166쪽.

강조가 이 가극의 가장 큰 성공원인인 것이다.

특히 우리가 주목해야 하는 것은 이미 자세히 살펴보았듯이 일본이 오래전부터 이러한 양성의 혼재를 미적 대상으로 고려하고 있었다는 점이다. 그리고 이는 일본인이 지니는 인공적이며 비자연적인 것에 대한 찬양과 긴밀히 연결된다.[161] 실제로 일본의 역사에서 우리는 이러한 전통을 불교의 헨신(変身), 비쇼넨(美少年)을 통해 쉽게 찾아볼 수 있다. 또한 예능적 측면에서도 가부키의 온나가타(女形)[162]와 다카라즈카의 오토코야쿠가 바로 이러한 미학의 연장선상에 있는 것이다. 다카라즈카의 《베르사유의 장미》 가 성공할 수 있었던 것도 바로 이러한 양성에 대한 미학적 전통에 기반을 두면서 이국적 분위기를 효과적으로 사용했기 때문인 것이다.

이와 달리 《베르사유의 장미》 를 모태로 해서 1978년에 만들어진 영화 《레이디 오스카(レディーオスカー: Lady Oscar)》 는 다카라즈카와는 대조되는 사례이다. 《쉘부르의 우산(Les Parapluies de Cherbourg)》 의 감독 자크 드미(Jacques Demy)가 메가폰을 잡은 이 영화는 많은 제작비와 실제 베르사유에서의 촬영 등에 기반을 둔만큼 그 기대는 매우 컸다. 그러나 이 작품은 인물의 형상화에 있어서 일본의 미학을 전혀 고려하지 않았다는 한계를 드러냈다. 특히 오스카의 역할을 맡았던 캐트리오나 맥콜(Catriona MacColl: 도판 68)의 연기는 남성적 측면을 전혀 보여주지 못했다. 이 영화에서 오스카는 그저 한 명의 여자였으며, 시종일관 18세기적

161) 일본인들에게 자연적 재해는 커다란 공포로서 여겨졌으며, 따라서 그들은 망가진 자연을 찬양하지는 않았지만 인간의 손에 의해 다듬어진 자연에서 오히려 편안함을 느꼈다. 인공적인 일본식 정원은 이런 맥락에서 이해될 수 있다. 그들에게 자연적인 성의 투박한 형태 역시 자연의 원초적 힘과 연결되었다.

162) 가부키는 원래 기녀들의 가무가 중심이 되어 시작된 무대 연희였다. 하지만 풍속을 문란하게 만들고 사회를 어지럽힌다는 이유로 1629년 금지당한다. 이후 대중적인 인기에 힘입어 여자가 출연해서는 안 된다는 조건하에 다시 부활한다. 여기서 온나가타라는 특수한 존재가 생겨난다. 연극에 여자가 등장하지 않는 것은 어쩔 수 없는 노릇이니 여자 대신 남자가 여자로 분장해 연희를 해야만 했다. 온나가타의 대부분은 다른 가부키 배우들처럼 어릴 때부터 무대에 올라 가부키의 여자 역할들을 배우며 여성적인 행동들을 몸에 익혔다. 온나가타는 일상생활에서도 여자다운 동작과 언어를 잊지 않도록 신경을 쓴다.

미인의 모습을 그대로 흉내내고 있었다. 오스카가 가졌던 남성적 기백은 전혀 보이지 않으면서, 그저 의상만 남성 복장을 하고 있었던 것이다. 더 큰 문제로 지적된 것은 이러한 남성 복장마저도 너무 화려하여 서양 근대의 복장사를 공부하지 않은 관객들에게는 이것이 마치 여성 복장인 것처럼 고려될 정도라는 것이다.

물론 이 영화는 일본 자본으로 만들어졌고, 배우도 영국배우를 많이 사용하였으며 대사 역시 영어로 처리되었다는 점에서 완전히 프랑스적인 작품이라고 평가하기는 어려울 것이다. 그럼에도 이케다 리요코의 원작 속에서 오스카가 적극적으로 프랑스 혁명에서 주도적 역할을 한 것과는 달리 이 영화는 그녀를 혁명의 한 조망자로 만들어버렸다. 앙드레 역을 맡았던 배리 스토크(Barry Stokes) 역시 원작과는 달리 너무나 강한 남성적 이미지를 풍기고 있다. 원작에서 오스카의 강한 이미지를 부드럽게 만들어준 것이 조금은 여성적인 앙드레였던 것에 비하면 영화 속의 앙드레는 너무나 적극적이고 강한 남성상을 유감없이 보여주고 있다. 이와 같이 오스카와 앙드레의 관계를 전형적인 서양식의 남성과 여성으로 대별함으로써 이 영화는 미묘한 성의 혼재를 나타내었던 일본의 작품들과는 큰 차이를 보이고 있다. 이외에도 마리 앙투아네트를 매우 사악한 왕비로 설정함으로써 이케다 리요코의 작품에서 그려진 불쌍한 희생자로서의 성격은 전혀 나타나지 않았다. 충분한 제작비와 실제 프랑스에서의 촬영이라는 장점을 제한다면 이 작품은 일본적 관점에서 보면 충분치 못했다고 평가내릴 수 있다. 그것은 아마도 감독의 일본 미학에 대한 인식 부족에 기인할 것이다. 일본의 많은 여성들이 무엇 때문에 이 만화를 선호했는가에 대한 진지한 파악 없이 그저 줄거리만을 모방한 이 영화는 『베르사유의 장미』를 원작으로 한 작품 중에서 가장 실패한 사례로 기록될 것이다.

도판 68. 영화 《레이디 오스카》

일본의 속담 중에 "남성처럼 장식된 아름다운 미"라는 표현이 있다. 이는 여성들의 진정한 아름다움이라는 것은 자신의 성이 부여한 한계를 뛰어 넘어 남성의 아름다움까지도 함께 포괄해야 함을 의미한다. 이러한 개념을 《베르사유의장미》는 새로운 사회의 전망으로서 제시하는데 성공했다. 물론 이러한 개념이 현재 일본 사회에서 주도적인 담론으로 자리잡았다고 말하기는 힘들 것이다. 그럼에도 다양한 장르를 통해 일본인들은 자신들의 미학적 전통을 살리면서 동시에 타국의 역사적 의미를 부각시키는데 성공했다고 할 수 있다. 즉 이 만화는 서양에 대한 막연한 동경이 아닌 일본문화의 양성적 전통을 서양을 배경으로 해서 성공적으로 소화해냈다는 데 그 매력이 있는 것이다.

또한 우리는 이케다 리요코의 이 작품이 서양에 대한 동양만의 독특한 이해방식이 어떠한 것인가를 잘 보여주고 있다는 점에서 또 다른 의미를 찾을 수 있다. 적어도 이 만화 속에서 프랑스의 18세기 역사는 단순히 프랑스인들만의 전유물이 아니었다. 실제로 이러한 현상은 더욱 확산되고 있는 듯하다. 이미 많은 일본의 작가들은 그들 방식으로 서양을 이해하고 있으며 더 나아가 그들의 사고를 서양인에게까지 투영하고 있다.[163] 어차피 문화는 수입이 되면 굴절될 수밖에 없다. 그렇다면 이를 자신들의 문화적 토양 위에서 재창조하는 과정은 매우 중요한 의미를 갖는다. 한국의 문화산업에서도 한국인들의 독특한 미학적 사고가 서양의 여러 작품들을 포괄하고 더 나아가 서구인들에게 그들 문화에 대한 한국인의 새로운 시각을 던져주어야 할 때가 온 것 같다.

---

163) 서양적 소재를 일본식으로 해석한 최근 작품으로는 《아키라》로 우리에게 잘 알려진 오토모 가츠히로(大友克洋)의 2005년작 《스팀보이》와 미야자키 하야오(宮崎駿)의 2004년작 《하울의 움직이는 성》을 들 수 있다. 전자는 19세기 중반 만국박람회를 앞둔 영국의 상황을 철저한 고증으로 구성하고 있다. 특히 빅토리아 시대의 영국에서 볼 수 있는 여러 가지 기계들은 그 시대의 산물이라는 느낌이 들도록 잘 구성되어 있다. 후자는 영국의 동화작가 다이애나 윈 존스(Diana Wynne Jones)가 1986년 발표한 동명 공상소설의 일본어 번역판『마법사 하울과 불의 악마 魔法使いハウルと火の惡魔』를 미야자키 하야오가 각색한 것이다. 19세기 말 유럽의 상황을 배경으로 하고 있다.

5. 소결

다카라즈카를 이해하기 위해서는 일본의 전통적 미학관을 살펴보아야만 한다. 일본은 오래전부터 양성의 혼재를 미적 대상으로 고려하였다. 그리고 이는 일본인이 지니는 인공적이며 비자연적인 것에 대한 찬양과 긴밀히 연결된다. 불교의 변신, 미소년, 그리고 가부키의 온나가타와 다카라즈카의 오토코야쿠는 이런 미학관의 연장선상에서 나온 것이다. 결국 현재 다카라즈카의 인기는 이러한 일본인들의 사고체계를 잘 수용한 것에 바탕을 두고 있다고 볼 수 있다.

이에 대한 현재적 고찰을 위해 관객들이 가지고 있는 양성에 대한 생각을 직접 살펴보았다. 그리고 그것은 일본의 소녀만화와 깊은 관련을 가지고 있음을 확인할 수 있었다. 실제로 많은 여성관객들이 안드로진 이미지를 지닌 만화를 즐기고 있었으며, 다카라즈카를 통해 만화속의 주인공을 직접 만나고자 했다. 다카라즈카의 《베르사유의 장미》는 이러한 양성적 인물을 잘 형상화해낸 작품이라고 할 수 있다. 또한 그 형상화의 과정에서 반드시 고려해야 하는 것은 안드로진, 경계성과 같은 개념이라는 것도 확인할 수 있었다. 이제 우리는 다음 장에서 다카라즈카가 어떤 방식으로 이러한 양성적 안드로진 이미지를 형상화시켰으며 그것은 역사적으로 어떻게 표출되었는가를 좀 더 구체적으로 다루고자 한다.

Ⅳ. 다카라즈카의 안드로진

1. 안드로진의 형상화(形象化)

1) 무대연출

다카라즈카는 양성성을 부각시키기 위해 다양한 무대연출을 사용한다. 새로운 성의 창조를 위해서 다카라즈카가 내세운 전략은 좀더 부드럽고 환상적인 분위기 속에서 남성을 등장시키는 것이다. 여성들이 원하는 남성의 상, 즉 부드러우면서도 강인한 안드로진의 모습을 무대에서 보여줌으로써 관객을 사로잡는 것이 바로 다카라즈카 무대연출의 목표인 것이다. 무대의 특징을 정리하면 다음과 같다.

우선, 다카라즈카 가극은 확연하게 음악적이다. 배우들이 발산하는 모든 연기는 항상 음악을 염두에 두고 있는 듯하다. 그것이 노래인 경우에는 말할 것도 없지만 일반적인 대사의 경우에도 항상 리듬성을 견지하고 있다. 이러한 리듬성은 무대 위에서 벌어지는 화려한 의상(도판 69)과 무대장치에 의해 보강되며, 그렇기 때문에 관객들은 그 에너지와 열정에 매혹되는 듯하다. 다카라즈카의 많은 춤들 역시 이러한 음악성을 돋보이게 하는데 기여한다.

도판 69. 화려한 의상

둘째로, 다카라즈카의 이야기는 대부분 사랑을 다루고 있다. 관객들은 향수에 젖기도 하고 자신이 꿈꾸는 이상적 남성을 간접적이나마 체험할 수 있는 것에 만족한다.164) 무스메야쿠는 수줍은 듯 한 아름다움을 선보이면서 오토코야쿠에게 강한 아름다움을 선보이도록 돕는다. 물론 이 '강함'이라는 수식 어구는 항상 '부드러움'이라는 미덕에 의해 조절된다. 배우들의 동작은 조금 크며 풍부한 감성을 수반한다. 특히 오토코야쿠의 연기는 다른 배우들과는 확연히 구분되면서 자신의 양성미를 강조하기 위해 노력한다. 이 가극에서 가장 중요한 것은 어떻게 사랑이라는 환상을 양성의 이미지를 통해 창조하느냐의 문제이다.

---

164) 다카라즈카가 무대에 올린 극들은 여러 방식으로 분류될 수 있다. 가장 쉽게 분리한다면 일본극과 서양극의 분류 방식일 것이다. 특히 서양극의 경우는 일본인들에 의해 아카게모노(赤毛物)라고도 불리는데, 이는 빨간 머리의 극이라는 의미이다. 일본인들의 심성에 유럽인들과 미국인들은 신체적으로 빨간 혹은 금색 머리와 파란 눈을 가지고 있다고 여겨진다. 일본극과 서양극은 그 내용에서의 차이에도 불구하고 언제나 관객들에게 꿈과 환상을 심어주려 한다는 점에서는 공통점을 유지하고 있다.

셋째, 극장의 무대 양식은 매우 섬세하며 다른 연극에 비해 더 많은 변화를 보인다. "공연은 많은 볼거리를 제공해야 한다"는 것이 바로 다카라즈카 극단의 공연관인 것이다. 이는 화려한 무대장치와 조명 그리고 의상을 통해서 드러난다. 무대 배경은 위 아래로 혹은 좌우로 이동이 가능하며 52개의 접합부에 있는 판자들은 서로 다른 두 개의 공연을 동시에 올릴 수 있게 해준다. 또한 공간의 변화를 더욱 강조하기 위해, 가부키로부터 차용한 좌우에 있는 하나미치(花道)와 오케스트라와 관객 사이에 위치한 긴쿄(銀橋)를 사용한다.

넷째로, 다카라즈카의 무대 매력의 핵심은 극적 효과가 높다는 데에 있다. 예를 들면 죽음이 갖는 놀라움을 표현하기 위해 뒤 배경으로부터 아주 빠른 속도로 커다란 커튼을 떨어뜨리기도 하고 혹은 무대 위에 작은 수영장을 설치하거나 더 나아가 실제 살아 있는 동물들(말과 코끼리를 등장시키기도 한다)을 무대 위에 올리는 것이다. 이는 극의 생동감을 극대화시키기 위한 하나의 장치이다. 또한 마지막 무대에서는 모든 배우들이 커다란 계단에 서서 합창을 한다. 이는 1920년대 말에 도입되었는데 현재 다카라즈카 공연의 주된 특징 중 하나가 되었다.

다섯째, 공연 의상은 항상 화려하며 변화를 많이 제공한다. 다카라즈카 극단의 공연비용 중 가장 많은 부분이 여기에서 사용된다고 말할 수 있다. 금과 은으로 장식된 스팽글(Spangle)과 레이스는 이미 다카라즈카 의상의 가장 큰 특징이 되었다. 의상과 더불어 가면이나 다른 장신구들 역시 관객들을 즐겁게 하기 위해 화려하게 장식된다. 다양한 색깔의 커다란 깃털 무늬 모자(도판 70)는 다카라즈카 극 속에서만 볼 수 있는 또 하나의 독특한 의상이다.

여섯째, 다카라즈카는 커다란 갈등과 충돌을 완곡하게 표현한다. 예를 들면 뺨을 때린다거나 단검으로 사람을 죽이는 장면들은 가부키의 양식에 따라 정형화되어 있다. 미사일의 발사 혹은 뺨을 때릴 때의 소리 역시 확성기를 통해 극화된다. 필수 불가결한 사랑의 표현(키스라던가 포옹 등등) 역시 약간의 암시를 통해 완곡적으로 무대 위에서 재현된다. 이러한 모든 것들은 관객과 이미 합의된 상태이며 극을 좀 더 환상적으로 만드는데 중요한 기능을 담당한다.

도판 70. 깃털 모양의 머리 장식

환상을 창조하기 위한 이러한 화려한 무대에도 불구하고 극단은 항상 소녀적인 순수함과 순결을 계속해서 간직하고자 한다. 관객들 역시 직업적 배우의 모습보다는 여전히 비전문적인 배우들의 순수함을 보고자 하는 열망을 가지고 있다. 비실제적인 사랑의 세계를 그리면서 연출과 배우자들은 이상적인 부드러움과 아름다움을 계속해서 추구한다. 극의 줄거리는 단순한 구조를 띠며 공간적 배경은 이국적 세계를 선택함으로써 현실 세계에서 겪게 되는 고통과 불만을 해소하는 역할을 담당하려고 한다.

극장 내에서 어렵지 않게 볼 수 있는 낭만주의라는 단어는 다카라즈카의 이런 성격을 한마디로 잘 규정해주고 있다. 다카라즈카 가극의 주요소가 꿈과 이상 같은 단어로 묘사되는 것도 이런 맥락에서일 것이다. 다카라즈카의 낭만주의는 하나의 순수한 원동력으로 여겨진다. 그것은 감정적인 낭만주의가 아니라 땅의 가장 깊은 곳에서 흘러나와 아늑한 방식으로 영혼을 정화시켜 주는 그러한 낭만주의이다. 다카라즈카 시의 한 소상인은 이를 다음과 같이 말하고 있다.

> "일본어를 모르는 사람들에게 '다카라즈카'라는 단어는 너무 길기 때문에 발음하는 것이 쉽지 않을 것이다. 그러나 일단 그 이름을 알고 그 단어를 다시 한 번 상기한다면 사람들은 그 속에서 흘러나오는 음악성과 낭만성을 동시에 발견하게 될 것이다." 165)

2) 오토코야쿠(男役)와 무스메야쿠(娘役)

다카라즈카의 오토코야쿠는 남성의 이미지를 그리려고 노력하기 때문에 관객들에게 양성적인 미를 체험하게 해준다. 가녀린 어깨와 독특한 양성적 발성으로 인해, 현실과는 거리가 먼 존재로서 무대에서 표현되기 때문이다.

오토코야쿠의 반대편에 있는 무스메야쿠는 일본인들이 생각하는 가장

165) 미추오 마사오(다카라즈카의 소상인)와의 인터뷰, 2001년 7월 3일.

전형적인 여성상을 반영한다. 조용하고 애교 있는 태도가 그것인데 조금은 과장된 것처럼 보이기도 한다. 그러나 그녀의 연기를 통해 오토코야쿠의 남성성은 더욱 부각된다. 무스메야쿠의 역을 단순히 보조적인 수준으로 폄하하는 것은 적절치 않다. 관객들 중에는 가장 이상적인 남성상 뿐만 아니라 가장 여성적인 모습을 원하는 사람들도 있기 때문이다. 실제로 1920년대의 무스메야쿠는 현재의 오토코야쿠와 비견될 정도로 큰 인기를 얻었다. 당시의 관객들은 자신들의 이상적인 남성상보다는 '공주'의 이미지를 보려는 사람도 적지 않았다.

1930년대에 들어 오토코야쿠의 역할이 커지게 된다. 오토코야쿠는 머리를 짧게 잘라야 했으며 바지와 긴 구두를 통해 남성성을 더욱 부각시키기 위해 노력한다. 이러한 의상을 통해 오토코야쿠는 가녀린 어깨를 가리면서 제 3의 성을 창조하려는 방향으로 나아가게 된다. 사실상 완전히 자신의 여성적 측면을 가린다는 것이 불가능했기 때문이다. 이를 위해 눈썹은 더욱 검게 칠했고 눈꺼풀에는 파란색을, 입술에는 빨간색을 칠했다. 당시 이러한 모습을 처음 본 관객들은 강렬한 남성성과 더불어 내면의 여성성이 동시에 드러났다고 하면서 극찬했다.

1970년대 후반에는 새로운 소품이 남성성을 높이기 위해 사용되었다. 한 예로 하루나 유리(榛名由梨)가 《바람과 함께 사라지다》 (도판 71)의 레드 버틀러 역을 위해 콧수염을 사용했던 것을 들 수 있다. 현재는 별 무리 없이 인정되지만 이것은 당시로서는 놀라운 것이었다. 극적인 효과를 유지하기 위해서 하루나 유리는 그녀가 극장에 도착할 때와 떠날 때까지 콧수염을 계속 붙이고 있었다고 한다. 이후 이 콧수염은 주요한 소품이 되어 다카라즈카에서 빈번하게 사용되었다.[166]

---

166) 《다카라즈카 85주년 기념》 비디오 테입, 宝塚歌劇團, 1998.

도판 71. 《바람과 함께 사라지다 (風と共に去りぬ)》(1977년)

1985년 가을에 다카라즈카 가극단은 《안드로진》이라는 공연을 무대에 올렸는데, 이 공연을 통해 제작진들은 안드로진의 양성적 매력을 강조하려고 노력했다. 그 공연에서 오토코야쿠는 소년의 이미지로 대안적 모습을 띠었으며, 화려한 낙하산복을 입고 다양한 색깔의 가발을 쓰고 나타났다. 이는 조루즈 상드(George Sand)와 같은 남성화된 여성을 상정한 것이었다. 팬들은 이를 보고 전례 없는 것이라고 하면서 시대를 앞서가는 공연이라고 칭찬했다.

이에 반해 무스메야쿠는 여성의 정숙함과 내면성을 강조하는 방향으로 나아갔다. 현재까지 가장 유명한 무스메야쿠는 단연 하루카 구라라(遥華くらら)이다. 그녀는 여성의 이상화된 성적 표현을 위해서 가부키의 온나가타로 유명한 다마사부로의 연기를 보면서 공부했다. 하루카의 경우, 오토코야쿠를 맡으면서 다카라즈카를 시작했지만 이후 연출자와의 대화를 통해 무스메야쿠로 전환한 사례이다.

일반적으로 오토코야쿠를 잘 소화하지 못할 경우에는 무스메야쿠가 되는 경우는 종종 있다. 하지만, 그 반대는 극히 드물다는 사실이 성을 전환해서 연기한다는 것의 어려움을 잘 보여준다. 이 때문에 팬들의 극심한 반대에도 불구하고 다카라즈카는 한때 남성을 받아들일 것을 진지하게 고려하기도 했다. 그러나 다카라즈카가 남성을 받아들이는 순간에 이 가극이 심한 위기에 봉착할 것은 명백한 일이었다.

다카라즈카 가극의 영향력이 성의 담론에 끼친 영향력은 몇 차례의 역사적 변천 과정을 거쳐서 확인된다. 그것은 종종 모순되는 것처럼 보이기도 하는데, 왜냐하면 고바야시는 오토코야쿠를 여성을 위한 새로운 대안적 성으로서 고려하지 않았기 때문이다. 그는 오히려 남성과 남성성의 찬양을 위하여 다카라즈카를 만들었다고 할 수 있다. 그러나 고바야시의 생각과는 달리 관객들에게 매력적인 것으로 다가간 것은 새로운 성의 창조라는 지점이었다.

여성 팬들에게 오토코야쿠는 소극적인 일본 여성들에게 하나의 새로운 역할을 제공했기 때문에 긍정적인 것으로 간주되었다.[167] 무대의 오토코야쿠를 보면서 팬들은 자신이 마치 무대 위에 올라간 것처럼 느끼면서 흥분했는데, 이는 오토코야쿠를 남성으로 바라보았다기보다는 남성처럼 산

167) 일본 정부는 1939년에 오토코야쿠를 무대에 올려서는 안 되는 일탈적이고 비이성적인 것으로 간주했다. 비록 전쟁 동안에 다카라즈카가 민중을 동원하면서 정부의 이데올로기에 기여를 했다고 할지라도 그것이 정부의 공식입장이었다고 보기는 어렵다.

다는 기분을 제공했기 때문일 수도 있다. 여성에게 해방감을 제공하는 것은 성의 신체적 변화가 아니라 사회적 성, 즉 젠더를 다시 만들었다는데서 기인하는 듯하다.

2. 남성가입의 문제

1) 초기 다카라즈카의 여성관

여성 가극으로서의 다카라즈카를 이해하기 위해서는 그러나 좀 더 역사적인 통찰이 필요하다. 왜냐하면 다카라즈카가 초창기부터 여성 가극이라는 이미지를 강하게 고집하지는 않았기 때문이다. 더욱이 고바야시는 소녀가극이라는 장르 자체가 진정한 국민극이 될 것으로 생각하지도 않았다. 그는 대중으로부터 유리되지 않으면서 사람들에게 행복을 제공할 수 있는 문화를 창조하고자 했고 그것이 바로 국민극이었던 것이다. 소녀가극은 이러한 그의 생각을 위한 하나의 실험장에 불과했다. 그는 소녀가극 자체는 아직 완성되지 않은 예술품이라고 계속해서 말했다고 한다. 일본의 가극이 아직 방향성을 정하지 못한 상태에서 고바야시는 우선 가능한 것부터 하나씩 해나가려고 했다. 고바야시가 후에 자서전에서 밝혔듯이 여성만을 모집해 출발한 것은 오사카 미츠코시 음악대를 확장시키려는 정도였던 것이며 심각하게 소녀만의 가극이라는 의미를 부여하고 있지는 않았다. 더욱이 이미 서술한 바와 같이 출연하는 소녀들의 연령이 현재보다 훨씬 어렸기 때문에 진정한 국민극이라기보다는 단지 학교에서 하는 학예회의 연장이라고 보는 것이 더 적절할 것이다. 따라서 당초의 상황을 생각해본다면 다카라즈카 가극이 현재 우리가 생각하듯이 여성이 남성을 연기하는 독특한 세계를 체험하는 장으로 인식되고 있는 것은 아니었다.

당시의 다카라즈카 관객층의 모습이 현재와는 상당히 다르다는 것이 이

를 잘 설명해주고 있다. 1930년 9월의 『歌劇』 내의 「보총고현학(寶塚考現學)」이라는 기사를 통해 우리는 당시 관객의 연령과 성별을 확인할 수 있다. 이에 따르면 8월 4일부터 10일 밤까지의 8회 공연에서 '호(ほ)' 열 16번부터 39번까지의 24석에 늘어선 194명의 관객을 보면, 30세까지의 어린 남성이 72명, 다음으로 동년배의 어린 여성이 52명, 게다가 중년의 여성이 27명, 남성이 16명, 15세 정도까지의 소녀가 5명, 거기에 여자아이가 13명, 남자아이가 7명, 할머니가 2명이었다. 대부분 어린 세대가 이 자리를 차지하고 있는 것은 고바야시가 당시에 어린 세대를 목표로 하고 있기 때문에 당연한 것이겠지만 전체적으로 약 반수가 남자이며, 어린 층만을 보아도 남성이 여전히 많았다는 것은 현재의 모습과는 큰 차이를 보이는 지점이다. 이 시기에는 이미 레뷰적인 모습을 다카라즈카가 띠고 있었고 상연형태도 현재와 유사한 상황이었으므로 이 시기의 관객들이 다카라즈카에 품고 있던 이미지가 현재와는 상당히 달랐음을 추측해볼 수 있다.

다시 말하면 고바야시에게 있어서 소녀만의 연극이라는 형태는 부수적인 성격의 것이었다. 1914년, 『歌劇』의 전신인 『산요 스이타이』 12월호에는 고바야시가 썼다고 생각되는 「가극은 무엇인가」라는 기사가 게재되어 있는데 이곳에서도 그는 소녀만의 연극이라는 부분에 대해서는 언급하지 않고 있다. 결국 소녀가극이라는 형태를 취한 것은 초기의 생각은 아니었으며 구극개량에 의한 본격적 가극의 창시라는 이념만이 다카라즈카의 창설 이래로 일관되고 있음을 확인할 수 있다. 물론 문제는 시작된 소녀가극이 어떤 방식으로 발전해 나갔는가를 살펴보는 것이다.

2) 여성가극의 고수

다카라즈카 극단의 내부에서도 다카라즈카의 독자성을 찾으려는 노력은 계속되었다. 그리고 그러한 독자성으로서 소녀가극이라는 이미지가 명확하게 제시된 것은 아니었다. 고바야시가 극단 초기에 서술하고 있는 것처럼 소녀가극은 국민극으로서의 완성품이 아니었으며 단지 이를 위한 첫 걸음에 지나지 않았다. 그러나 도쿄의 공연이 성공적으로 끝나지 않게 되자 실제로 제작진 내부에서는 다카라즈카가 막다른 길에 봉착했다고 느끼는 사람들이 늘어나게 되었다.

예를 들면 츠보우치가 자신의 작품 《소문(噂)》에 대한 비평에 답하는 글에서도 이와 같은 인식은 나타난다. 《소문》은 1922년 5월에 상연된 것인데 여기에서는 주인공의 부인 역을 맡았던 가즈카 하나코(春日花子)가 머리를 땋아 시집간 일본여성의 머리 모양, 즉 마루마게(丸髷)를 하고 등장했다. 이것이『歌劇』지상에서 가식의 극치라는 혹평을 받았던 것이다. 이 시대의 소녀가극은 기본적으로는 어떠한 역이라도 머리를 뒤로 늘어뜨리면서 연기하는 것이 기본이었기 때문이었다. 따라서 어린 생도에게 마루마게를 하게 했다는 것이 비판을 노리고 있던 사람들의 입에 오른 것은 당연한 일이었다. 이에 대해 츠보우치는『歌劇』에「마루마게를 논하고 소녀가극의 미래에 부쳐」[168]라는 글을 통해 이러한 머리문제와 유사한 문제가 현재 다카라즈카에는 많이 산적해 있다고 지적하고 이것이 실제로는 개별적인 문제가 아니라 현재 소녀가극의 형태에서 유래하는 근본적인 문제라고 말했다. 요약하면, 소녀만으로 본격적인 가극을 한다는 것이 무리가 있는 것은 당연한 것이므로 본격적인 국민극을 지향하기 위해서는 표현의 폭을 넓혀야 한다는 것이다. 그리고 츠보우치 자신은 남자 역을 소화하기 위해서 이번 《소문》의 머리모양이 일종의 타협책이었다고 고백하면서 소녀가극의 개혁안을 제시했던 것이다.

그는 진실로 국민극이 되기 위해서는 현재의 화조(花組), 월조(月組)를 개조해서 소녀조(少女組), 중녀조(中女組)로 조직을 바꾸어야 하며, 연장자를 중심으로 하는 중녀조(中女組)에는 남성을 가입시켜서 보다 본격적인 가극을 연기해야 한다고 주장했다. 이전에 문제가 되었던 《단바 요사

168) 坪內士行,「丸髷を論じて少女歌劇の將來に及ぶ」,『歌劇』, 1922. 10, 8쪽.

쿠》에서도 소녀에게는 역시 무리였다는 평가가 있었기 때문에 중녀조(中女組)를 조직한다면 어울리는 연기를 찾을 수 있다고 말했다.

이와 같은 발상을 제시한 것은 물론 츠보우치가 처음은 아니었다. "보다 본격적인 가극을 위해 남성을 가입시켜야 한다"는 주장은 초기의 비평 등에서도 자주 지적되고 있었다. 실제로 고바야시 자신도 1919년에 전과(專科)를 설치해 남성을 모집하는 것을 고려하기도 했다.[169] 그러나 이즈음에 실제로 전과를 추진했던 사람은 츠보우치였는데, 그는 즉시 현 단계에서 남성가입노선을 추진해야 된다고 역설했다. 츠보우치가 언급하고 있는 것 중의 하나인 이부제(二部制)도 역시 이 시점에서 처음으로 언급된 것은 아니었다. 고바야시는 1921년 봄 공연부터 지금까지의 단일 흥행을 그만두고 1부와 2부로 나누어 공연을 해야 된다고 생각했다. 이러한 목적의 하나는 관객의 증가에 직면해서 관객을 분산하려는 의도이기도 하지만 다른 한편으로는 새롭게 증설했던 새로운 한 조(組)를 통해 지루함을 달래는 가극을 꿈꾸었던 것이다. 그래서 소녀가극과 오토기 가게키라는 서로 다른 두 개의 범주의 분리공연을 행할 것을 지시하고 있는 것이다.[170]

공연기록을 조사해보면 이러한 1부와 2부의 연극내용에는 명확한 차이가 있고 실제로 그와 같은 운용이 행해지고 있는 것은 확실하다. 그런데 이러한 2부 제도를 도입하면서 남성 가입에 대한 의견은 슬그머니 사라지고 만다. 결국 남성 가입에 대해 주장했던 츠보우치의 안은 2부 제도라는 형식상의 변화를 통해 사실상 이루어지지 못하고 만다. 그럼에도 츠보우치는 계속해서 남성의 도입에 의한 진정한 국민극의 달성을 주장한다.

츠보우치의 이와 같은 생각은 1926년에 「다카라즈카 국민좌」라는 형태로 빛을 보게 되었다. 그는 소녀가극이 단지 소녀들의 기예에 그치지 않고 남녀 배우에 의한 극으로 나아가야만 진정한 국민극이 달성된다는 인식을 다시 한 번 강조하고 있다. 고바야시 역시 이러한 츠보우치의 생각에 공감

169) 坪內士行, 「人間の眞價」, 『歌劇』, 1920. 1, 6쪽.
170) 小林一三, 「一部二部の區別」, 『歌劇』, 1921. 3, 20쪽.

하고 있었다. 특히 국민극의 달성이라는 츠보우치의 주장은 고바야시의 마음을 흔들리게 만들었을 것이다.

그러나 고바야시는 남성 단원을 모집하는 것을 여전히 일종의 도박으로 생각했다. 그는 이 문제에 대해서 성공할지도 모르지만 동시에 붕괴의 위험이 눈앞에 보여 괴롭다고 말하고 있다. 이후 그는 원점으로 돌아가 다카라즈카 소녀가극을 포기하는 것은 가능하지 않다고 생각한다. 소녀가극을 해소하면서 국민좌를 만들기보다는 소녀가극에 의해 처음으로 연극다운 것을 만들어보자고 말한다. 그는 어떻게 해서라도 소녀가극과 병행하면서 국민좌를 운영해 나가는 길을 선택하려고 했던 것이다.

그러나 현실적으로 국민좌의 설립 이후에 나타난 프로그램을 보면 고바야시가 생각하고 있던 가극의 이미지는 실현되지 못하고 있음을 확인할 수 있다. 전체적으로 연극적인 요소의 무게가 커졌으며 음악적 요소는 소녀가극과는 비교할 수 없을 정도로 희박해졌다. 즉, 초기에는 호가쿠(邦樂: 나라 고유의 음악)의 반주가 많았던 것에 비해 서서히 다카라즈카 관현악단이 반주로서 출연하는 경우가 빈번해진 것이다. 음악과 극이 조화롭지 못했으며 공을 들인 신작도 나타나지 못했다.

계속해서 다카라즈카는 소녀가극의 공연을 이전처럼 유지하고 있었다. 1925년부터 공연수가 증가해서 연 8회에서 12회로 되었음에도 이는 부담의 가중을 의미했다. 국민좌가 충분한 제작진을 갖추고 시간과 자금을 충분히 투입하는 것이 어려웠다는 것은 추측 가능하다. 이러한 의미에서 고바야시가 생각했던 국민좌를 소녀가극과 병행적으로 추진해 나간다는 방침은 현실적으로 어려움을 겪게 되었다. 음악에 있어서는 새롭게 설립된 다카라즈카 교향악협회가 1926년부터 점점 매월 본격적인 연주회를 개최하였다. 1927년에는 베토벤의 서거 100주년을 기해 기념연주회를 개최했다. 이러한 연속선상에서 4월 9일의 제 3회 연주회에서는 우메모토가 「발레, 터어키(土耳古) 행진곡」을 상연하였다. 그러나 이처럼 막대한 예산과 노력에도 불구하고 실제로 국민좌는 시작부터 관객들의 흥미를 끌지 못했다. 일 년이 지난 시점에서의 조사에 따르면 일회 평균 입장객이 300명에서 400명이었는데(1927년 8월)[171] 중극장(中劇場)의 수용인수가 1,300명인 점을 고려해 보면 흥행은 실패했다고 볼 수 있다. 결국 1930년에 국민좌는 해산하게 된다.

주목할 만한 것은 이러한 그랜드 오페라와 새로운 레뷰의 상연을 위해서는 결국 남성의 가입이 필요하며 남성 연구과가 창설되어야 한다는 것이었다. 그리고 이것을 기회로 다시 남성 가입을 둘러싼 논쟁이 일어났다. 1932년 1월의 버라이어티 공연이 끝난 후 『歌劇』에는 남성가입은 올바른 것인가 틀린 것인가라는 코너가 설치되었다. 먼저 반대의 입장에서 아오야기 유미는 「남자가입의 위험성」이라는 글을 쓴다.[172] 또한 8월의 버라이어티 공연 후에도 오카다 신이치(岡田信一)의 「남성가입반대와 중극장 이용법」이라는 논고[173]가 보인다. 여기에서는 풍기상의 문제 등을 포함한 다양한 논의가 전개되었는데 전체적으로는 남성가입에 적극적인 의견이 생각보다 적게 나왔음을 알 수 있다. 그리고 고바야시 역시 「남성가입은 필요 없다」[174] 라는 제목의 글을 기고해서 이러한 그랜드 오페라와 레뷰의 공연을 위해 남성을 가입시키는 것은 적절치 않다고 주장한다. 그는 레뷰에 있어서는 남성가입의 효과가 전혀 없다고 단언했으며 그랜드 오페라의 경우에도 남녀의 공연으로 더 잘 될 수는 있지만 일부분에 국한된 관객을 기쁘게 하기 위해 극을 올려서는 안 된다고 말했다.

이후 남성 가입에 대한 논의는 거의 발견되지 않는다. 그것은 아마도 레뷰라는 장르의 도입을 통해 다카라즈카가 상업적으로 큰 성공을 거두었기 때문일 것이다. 여성만의 가극을 추구하는 것이 오히려 이 가극의 성공

171) 伊島理吉, 「戰績一顧」, 『寶塚國民座脚本解說』, 1927, 41쪽.
172) 青柳有美, 「男子加入の危險性」, 『歌劇』, 1932. 10, 66쪽.
173) 岡田信一, 「男性加入反對と中劇場利用法」, 『歌劇』, 1932. 10, 66쪽.
174) 小林一三, 「男性加入の必要なし」, 『歌劇』, 1932. 4, 2쪽.

원인이 될 수 있다는 것이 가극단의 지배적 의견으로 점철된 것이다. 그리고 점차 여성들의 지위가 강화되면서 다카라즈카는 새로운 여성들의 해방구로서 다시 태어나게 된다. 이제 다카라즈카는 일본 사회 속에서 자신의 고유한 위치를 여성만의 극이라는 형태로 확고하게 자리 잡게 된 것이다.

3. 제국주의에 내재된 안드로진

1) 메이드 인 재팬

다카라즈카의 오토코야쿠가 인기를 끌게 된 이유에는 양성의 추구 이외에도 일본 제국주의가 또한 큰 몫을 한다. 실제로 다카라즈카의 양성 이미지는 이 기간을 통해 더욱 강화된다. 일견 아무런 관계도 없어 보이는 양성성과 제국주의의 긴밀한 관계는 어떤 식으로 형성되었는가? 이 둘 사이를 연결시켜 주는 단어가 바로 일본의 대동아 공영권이다. 그리고 이러한 지역적 구도에 기반해 그들은 서로 이질적인 것의 혼합을 긍정적으로 바라보기 시작한다. 바로 이 지점에서 양성과 제국주의가 결합했던 것이다.

《메이드 인 재팬》은 아시아에서 일본 제국주의가 최고조에 달했던 1941년에 다카라즈카 극단이 해외에서 공연했던 대표적인 공연이었다. 8개 국가의 통화를 대규모로 복사하여 만든 무대 장치에, 스윙풍의 춤으로 시작되는 이 작품은 16개의 장면으로 이루어졌다. 산문체의 서사시와 곡조를 가지고 초반의 코러스는 세계 시장에서의 일본 무역의 확장과 미크로네시아와 같은 저발전 지역에 일본 제국주의가 침투하고 있는 것을 축하하고 있다. 그 코러스의 내용을 적어보면 다음과 같다.

"세계의 항구로 나아가자! 세계의 시장으로 나아가자.
너무나도 가슴 떨리는 메이드 인 재팬
7대양으로 나아가자!
일본의 무역이 나아간다!
너무나도 가슴 떨리는 메이드 인 재팬
정신이 상승한다. 항해하는 애국주의
우리의 깃발이 세계의 항구에서 펄럭인다.
포고하라, 이것이 우리의 일본이다.
초대하라 일본의 무역으로
우리의 메이드 인 재팬
미발전된 나라들이
우리와 함께 할 것이다.
우리의 무역을 활발하게 하기 위해
우리의 부가 외환이 부족한 나라들에
행복을 가져다 줄 것이다." 175)

우리는 이 노래를 통해서 일본이 앞세워 말했던 대동아 공영권의 한 면을 직시하게 된다. 아시아 국가들이 가난한 것은 서구 제국주의의 공격 때문이기 때문에 이제 일본을 중심으로 뭉쳐 서구 제국주의자들과 싸워야 된다는 논리는 이 노래에서도 명확히 나타난다. 그러나 우리는 이미 이러한 논리가 아시아 민족들에게 얼마나 큰 고통을 주었는지 잘 알고 있다. 다카라즈카는 이 순간에 일본 제국주의의 첨병으로써 그 기능을 충실히 하고 있었다. 당시에 이 가극에 대한 평가 역시 이를 잘 반영하고 있다.

"열정, 코메디 그리고 아름답게 장식된 웃음을 가진 이 멋진 연극은 비단, 자기, 악기, 자전거 그리고 다른 서구의 아름다운 물품들을 사용하여 매우 예술적으로 장식되었다. 일본에서 태어난 소녀들이 일본에서 만

---

175) Jennifer Robertson, *Takarazuka: Sexual Politics and Popular Culture in Modern Japan*, Berkeley: University of California Press, 1998. p. 90.

들어진 바이올린, 아코디언 그리고 오르간을 멋지게 연주하고 있다." 176)

이 연극에서 배우들은 생동감 넘치는 아르헨티나의 탱고춤과 우아한 인도 춤 그리고 멕시코의 열정적 로망스 등을 잘 소화해 내었다고 한다. 그러나 그것은 다른 나라의 문화에 대한 존중보다는 일본이 자신들의 방식으로 모든 문화를 소화해낼 수 있다는 자신감의 표현이었다. 《메이드 인 재팬》 은 따라서 일본 제국주의의 뛰어난 기술력과 그 우수성을 보여주기 위한 노력의 산물이었던 것이다.

도판 72. 《날개의 결전(翼の決戰)》 (1944)

이외에도 1931년에서 1945년의 기간 동안의 다카라즈카는 일본의 제국주의를 찬양하는 호전적인 연극들을 끊임없이 만들어 내었다. 《군국 대학생》 (1939), 《남쪽으로 진군》 (1940), 《해군 병원》 (1940), 《날개의 결전》 (1944) (도판 72)과 같은 작품들은 이미 제목을 통해서도 그 호전적인 모습을 잘 드러내 주고 있다. 이러한 연극에서 다카라즈카는 일본 제국주의의 성정치(性政治)의 한 부분을 맡고 있었다. 모든 것이 혼합 가능하

176) *Ibid.*, p. 90.

다는 가능성을 부여하는 것이었다. 다른 민족이 일본 민족과 혼합될 수 있다는 논리가 일본 사회 내에서는 남성과 여성이 혼합될 수 있다는 측면으로 가시화된 것이다.

2) 동화 정책

다른 모든 민족들이 일본인과 똑같이 될 수 있다는 정치적 이데올로기는 그러나 많은 한계를 가지고 있었다. 즉 서로 다른 문화를 하나로 합친다는 것이 얼마나 힘든 일인지는 타민족들 뿐만 아니라 일본의 제국주의자들도 잘 알고 있었던 것이다. 가부키의 온나가타와 다카라즈카의 오토코야쿠가 완벽하게 여자와 남자가 될 수 없는 것처럼 식민지의 민족들이 완전한 일본인이 될 수는 없는 것이었다. 그럼에도 다카라즈카의 오토코야쿠는 그런 환상을 불어넣으려고 노력했다. 그것이 바로 일본 제국주의의 모순된 현실을 가장 잘 은폐할 수 있었기 때문이다. 그리고 이러한 신화의 중심에는 바로 천황이 있었다.

식민지인들은 일본이라는 본질에 자신들을 동화시키도록 강요당했다. 그러나 일본은 모조품인 이들에 대해 완전한 동화를 또한 꺼려했다. 일본은 이러한 방식으로 적절하게 식민지들을 타자화시키면서 자신들의 문화를 가장 모범적인 것으로 만들고자 했다. 그들의 말과 의상 그리고 예술이 가장 훌륭한 것이었다. 일본 제국주의에 내재한 동화의 논리는 다른 민족에게는 전혀 인정되지 않는 천황과도 같은 존재였던 것이다.

다른 방식으로 일본은 세계의 모든 것을 자신의 것으로 만들 수 있다는 동화의 논리를 또한 선보였다. 그리고 그 일이 다시 한 번 다카라즈카에 요구되었다. 전쟁 기간 동안에 다카라즈카는 셰익스피어의 《한여름밤의 꿈》을 일본식으로 만들어 버렸다. 등장인물들에는 일본식 이름이 부여되었고 음악은 조루리의 음악을 썼으며, 무대의 배경은 일본이었다. 이것이 동화의 논리였다. 이를 통해 동화가 얼마나 훌륭한 것이며 그것이 충분히 가능하다는 것을 그들은 선보였던 것이다. 1940년에 다카라즈카의 한 책임자는 다음과 같이 말했다.

> "일본의 정신이 무대에서 엮어지는 동안에 나에게 중요한 것은 표현의 형태와 사건이 아니었다. 중요한 것은 일본의 삶, 느낌 그리고 도덕이 무대에서 어떻게 재생산되는가였다. 단순히 일본식의 등장인물과 의상으로는 의미가 없다. 내가 느끼고 싶었던 것은 일본은 정신이 서구의 음악과 의상을 거부하지 않을 정도로 위대하다는 것에 있다. 일본 정신은 이를 포괄할 수 있는 능력을 가지고 있다." 177)

동화라는 식민정책의 한계와 다카라즈카의 이성(異性)복장의 한계는 위의 글을 통해서 명확해 진다. 식민지 민족과 오토코야쿠는 모두 유사하게 다가갈 수는 있지만 진정한 일본인이나 남자가 될 수는 없는 것이다. 이것이 동화정책이 가지고 있는 진정한 모습이며 전형적인 일본식 오리엔탈리즘이었던 것이다. 박현수는 이에 대해 다음과 같이 말한다.

> "일본 오리엔탈리즘의 전개는 서구에 대한 열등감을 아시아에 대한 우월감으로 치환시키는 것으로 나타난다. 완고하고 고루한 인접 아시아 국가에 대한 지정학적인 헤게모니 장악을 통해 일본은 전방위에 걸친 집약적인 방사형 식민지 제국의 구조로 변화해 나갔다. 그 과정은 물리적 폭력을 매개로 한 국가주의적 확산과 궤를 같이 한다. 이러한 확산의 밑바탕에는 아시아의 일원으로서의 패배감을 감추고 그것을 은폐하는 사고와 정신, 그 반향으로서의 아시아에 대한 우월감의 팽창이 핵심논리로 작용했다." 178)

---

177) 위의 글, 95쪽.

178) 박현수, 『일본 문화 그 섬세함의 뒷면』, 책세상, 2002, 67-68쪽. 이 책의 주를 살펴보면, "일본적 오리엔탈리즘의 극단은 대동아공영권이라는 광기 어린 주장에서 발견할 수 있다. 후진 제국주의 국가 일본은 그때까지 견지해왔던 천황과 일본 민족 이데올로기를 고수하면서 그것을 고양시켜 서구 지배에 저항하는 동양의 연대, 동양의 원리를 주창한다.
강상중, 『오리엔탈리즘을 넘어서』, 이산, 1997, 77-109쪽을 참조할 것.

결국 이 시기에 다카라즈카의 오토코야쿠는 식민지 민족을 상징적으로 반영하고 있었다. 그리고 자신들은 아시아에 대한 우월감에 젖어서는 식민지 민족들에게 자신들을 배우라고 말하고 있었던 것이다. 대동아공영권이라는 논리는 이러한 배경에서 나온 것이었으며 오토코야쿠는 일본 위정자들의 자기 합리화에 가장 중요한 이데올로기로 기능했던 것이다. 경계인의 존재는 이처럼 부정적인 기능을 띠는 존재일 수도 있으며 반대로 현재와 같이 오히려 일본 여성들에게 꿈을 주며, 새로운 성의 가치관을 제시할 수도 있는 것이다.

4. 안드로진의 양성(養成)

1) 다카라즈카 음악학교

한큐 그룹이 경영하는 여성만의 가극단인 다카라즈카는 연간 관객 200만 명 이상이며, 도쿄와 다카라즈카에 객석 수 2,000석이 넘는 전용 대극장을 소유하고, 전속 스탭들과 오케스트라, 그리고 약 400명의 연기자를 거느리고 있다. 한국의 여성국극처럼 출연자 모두가 미혼 여성이라는 점도 매우 특이하다.

가극단 창립 당시 고바야시 이치조가 내세운 모토인 "순결하고, 올바르고, 아름답게"는 오늘날까지도 지켜지고 있다. 그는 배우들을 위한 기숙사를 건축했으며 이들을 하나의 가족 구성원으로 다루었다. 새해 첫날에 고바야시는 다카라즈카 여배우들을 자신의 집으로 초대했으며 그녀들의 고민을 들었다.

극단에 입단하기 위해서는 반드시 다카라즈카 음악학교(도판 73, 74)를 졸업해야 한다. 이 학교는 15~18세의 여성만이 응시 가능하며, 매년 40여 명을 모집한다. 동에 도쿄 대학교, 서에 다카라즈카 음악학교라는 말이 있을 정도로 이 학교에 입학하는 것은 매우 힘들다. 시험은 다카라즈카 시(市)에서 3일간 치러지는데 여기에는 교장과 교감, 극단 총책임자와 부책임자, 그리고 한큐 철도회사 위원들이 개별적인 면담을 한다. 이 학교에서 학생들은 전원 기숙사 생활을 하며, 2년 과정을 거친 후 다카라즈카 무대에 설 수 있다.

도판 73. 다카라즈카 음악학교 알림 포스터

宝塚音楽学校校歌

一、白雲なびく六甲の
松のみどりにいや映えて
山秀麗の生を享く
われらは乙女学舎(まなびや)は
歌劇の国の宝塚
歌劇の国の宝塚

二、希望は清し武庫の川
流れは尽きじ永久に
水玲瓏(れいろう)の粋をくむ
われらは乙女一筋に
歌劇の国の宝塚
歌劇の国の宝塚

三、よしや彼岸は遠くとも
理想は高く雲におき
久遠(くおん)の殿堂(みや)に翔け行かん
われらは乙女春の鳥
歌劇の国の宝塚
歌劇の国の宝塚

도판 74. 다카라즈카 음악학교 교가

1-1) 입학

다카라즈카 음악학교의 학생들의 대부분은 중산층 이상의 집안 출신이 많다. 2년 동안의 수업 비용은 비싸지는 않지만 극단으로부터 학생들에게 지급되는 비용이 많지 않기 때문에 대부분의 학생들은 집안에서 경제적 지원을 받고 있다. 따라서 입학 원서 내에는 아버지의 수업이 얼마인지를 기록하라는 항목이 있다. 학생들의 부모 대부분은 상인이나 회사의 고위 간부가 많지만 가부키나 분라쿠와 같은 전통 연극에 종사하는 사람도 적지 않다. 물론 어머니가 다카라즈카의 배우였던 딸들도 상당수 된다.

다카라즈카 음악학교에 들어오는 것은 무척 어렵다. 동에는 도쿄대학교, 서에는 다카라즈카 음악학교라는 말은 이를 상징적으로 잘 나타내준다. 시험 준비는 부모의 설득에서부터 시작된다. 때때로 부모의 지지를 받으면서 원서를 내는 학생들도 있기는 하지만 초기의 다카라즈카에서 이는 드문 경우였다.

따라서 어떤 학생들은 부모에게 동의를 구하지 않고 비밀리에 시험을 준비하는 학생들도 있다. 시험에 합격한 경우에는 아버지의 동의를 얻기 위해 노력하지만 여의치 않을 경우에는 동의 없이 입학하기도 한다. 어머니는 젊었을 때 자신이 하지 못했던 것을 상기하면서 아버지를 설득하기 위해 노력한다.

2차 세계 대전 이후에 다카라즈카에 대한 아버지와 딸들의 이러한 관계는 완전히 역전된다. 다카라즈카에 자신의 딸을 입학시키려고 하는 사람이 바로 아버지가 된 것이다. 물론 그 이면에는 경제적 원인이 가장 크다. 한편으로, 부모들은 딸의 양육비를 학교에 보냄으로써 줄일 수 있었으며, 다른 한편으로는 학교에 보냄으로써 성인의 삶과 결혼 준비 과정을 학교 규율을 통해 가르칠 수 있다고 생각했기 때문이다. 극단의 초기 시절에는 대략 12~13세의 소녀들이 학교에 입학했다. 오늘날은 아동극의 틀을 넘어서 좀 더 전문적인 극단으로 가기 위해 15~18세의 소녀들만이 학교에 입

학할 수 있다.[179]

실제로 대부분의 다카라즈카 학생들은 그녀들이 아주 어렸을 때 이 가극을 보았으며 그 이후에 극단에 들어올 결심을 한다. 다른 관객들의 반응과 마찬가지로 학생들은 가극의 낭만적 매력에 크게 끌렸으며 시험을 준비하는 과정에서 자신의 숨겨진 재능을 발견할 수 있었다고 한다. 이를 위해 학생들은 노래와 춤 학원에 등록을 하고 본격적인 시험 준비를 하게 된다.

첫 해에 시험에 떨어진 학생들은 다음해에도 대부분 다시 시험에 응시한다. 이렇게 시험에 떨어진 이후에 다시 시험을 준비하는 학생들을 일본에서는 다카라즈카의 로닌(浪人)이라고 부른다. 즉 주인 없는 사무라이라는 뜻이다. 1980년대 이후 다카라즈카 극단은 학생들의 평범한 학교생활을 위해서 실제로 학교에 재학 중이거나 고등학교를 졸업한 학생들만으로 시험 응시 자격을 제한했다. 시험은 3번까지 가능하다. 그러나 마지막에 입학을 허가받는 학생의 수는 극히 적다. 이는 입학시험의 기준이 명확하며, 그 요건을 충족시키는 학생만이 다카라즈카의 학생이 될 수 있다는 것을 말한다. 즉 다카라즈카의 투명성을 반영하는 것이다.

1-2) 시험

최초의 오디션은 3월 말과 4월 초에 이루어진다. 시험은 다카라즈카뿐만 아니라 도쿄에서도 약 이틀간 행해져 일본 동부의 학생들에게도 시험 칠 기회가 용이하게 제공된다. 항상 변동의 가능성은 있지만 일반적으로 다카라즈카 시(市에)서는 3일 동안 시험이 치러진다. 첫째 날에는 노래와 춤에 대한 시험이 행해지며 다카라즈카 극단에 관계를 맺고 있는 학교의 교장과 교감, 극단 총책임자와 부책임자 그리고 한큐 철도회사의 위원들이 개별적인 면접을 한다(도판 75). 첫째 날의 시험은 수험자의 나이에 따

179) 마스카나도 (다카라즈카의 학생)와의 인터뷰, 2001년 7월 4일.

라 이루어지며 점수는 10점 만점이다.

도판 75. 다카라즈카 음악학교의 입학시험 (1968년)

다음날 아침에는 일차 합격자를 알리는 공고가 붙는다. 발표가 붙은 조금 후에 곧바로 두 번째 시험이 시작된다. 대략 응시자의 25퍼센트가 두 번째 시험을 볼 기회를 갖는다. 두 번째 시험 역시 춤과 노래로 이루어지지만 첫 번째 날보다는 훨씬 심도 있는 평가가 내려진다. 점수는 100점 만점으로 이루어지며 시험이 끝난 후 다시 인터뷰가 진행된다. 질문은 무척 구체적이며 수험자와 공연에 대한 고려가 함께 전개된다. 따라서 의상, 화장, 머리의 길이, 신체에 대한 세밀한 조사가 병행된다. 과거에는 기자들이 이 시험장에 들어와 취재를 할 수 있었지만, 현재는 어떤 외부인도 이 시험장에 들어올 수 없다.[180]

---

180) 팸플릿「宝塚音樂學校 Q&A」1999.

당연히 심사위원들은 무대에서의 적응도를 고려하면서 배우를 선발한다. 그러나 다카라즈카의 특성상 일반 극단과는 달리 성에 대한 고려와 수험자의 순수하고 다정한 분위기가 진지하게 고려된다. 이 때문에 다카라즈카는 훌륭한 부인을 양성하는 학교라는 명성을 얻게 된다. 만약 수험자가 아름답고 키가 커서 신체적으로 훌륭하다면 심사위원들로부터 높은 점수를 받게 된다. 그러나 이와 반대로 전문적인 배우의 모습이 보이지 않는 순수한 모습 역시 가능성의 한 부분으로 고려되어 높은 점수를 받을 수 있다. 겸손한 태도는 가장 중요한 고려의 대상이다.

수험자들에게 다카라즈카는 보장된 미래와 화려한 무대에서의 스타가 된다는 것을 의미한다. 그러나 이것이 학생들에게 경제적 성공의 의미를 가져다주지는 않는다. 그녀들은 자신들이 꿈꾸는 아름다운 세상이 다카라즈카 극단을 통해 펼쳐질 것으로 생각한다. 한 학생은 그녀가 학교에 들어가기만 한다면 아름다운 옷을 마음껏 입을 수 있으며 화려한 무도회에서 우아하게 춤을 출 수 있을 것이라고 말한다. 그녀에 따르면 호화로운 의상을 입고 자유로이 춤을 출 수 있는 기회는 다카라즈카를 통해서만 얻을 수 있다고 한다.[181)]

다른 합격자는 이 극단에서 그녀가 대단한 어떤 존재가 될 수 있다고 생각한다. 그녀가 생각하는 대단한 것이 무엇인지는 구체적으로 알 수 없으나 그녀는 일본에서 자신이 원하는 것이 이곳 다카라즈카에 있다고 말한다. 다른 학생은 자신의 소심하고 내성적인 성격을 고치기 위해 이 극단에 시험을 친다고 한다. 그것은 자신에 대한 불만을 다카라즈카를 통해서 해결하려는 모습이다. 한 배우는 그녀에게 다카라즈카는 혹독한 입시 경쟁에서 탈출하기 위한 수단이었다고 한다. 학교에서 부과되는 숙제와 그 압력으로 벗어나는 것이 배우가 된 주된 이유였다는 것이다.

외국인들도 이 시험에 응시할 수 있다. 그러나 암묵적으로 여기서 외국

---

181) 나카무라 히토토쿠(연극 평론가)와의 인터뷰, 2003년 7월 13일.

인이라 함은 동양적인 외모를 가진 사람을 의미한다. 실제로 일본에서 태어난 몇몇의 중국인과 한국인이 이 학교에 입학하기도 했다.

1-3) 교육과정

학교에 입학하게 되면 학생들은 일본의 다른 학교처럼 교복을 입어야 한다. 교복은 회색빛 치마에 하얀 블라우스, 빨간 넥타이, 하얀 신발, 하얀 양말로 이루어졌다. 여름에 학생들은 회색 풀 오버(pull over)를 하얀 블라우스에 입는다. 이런 교복은 학생이라는 신분을 알리기 위해 학교에서 뿐만 아니라 학교 바깥에서도 입어야 한다. 학교에 들어온 첫 해에 학생들은 화장품을 사용할 수 없으며 머리는 단정하게 깎아야만 한다. 대부분의 학생들은 짧은 단발머리를 하고 있다. 서양 무용 수업 시간에는 발레복을, 일본 전통 무용 시간(도판 76)에는 기모노를 의무적으로 입어야 한다.[182)]

도판 76. 일본 무용 수업시간 (2001년)

182) 팸플릿「制服のすべて」, 1999.

다카라즈카 음악학교는 2년의 정규 과정으로 이루어진다. 첫해에 학생들은 요카세(予科生)라고 불리며 두 번째 해부터는 혼카세(本科生)라고 불린다. 1957년 이전에 학교는 단지 일 년 과정으로 되어 있었지만 학생들은 그 이후에도 수업을 정규적으로 들어야만 한다. 입학 성적에 따라 학생들은 A와 B의 두 그룹으로 나뉜다. A는 B보다 높은 수준의 반이다. 학생들은 재시험이 있을 때까지 이 반에서 수업을 따라간다. 그러나 이 두 반은 수업 도중에 종종 합쳐지면서 서로의 경쟁심을 부추긴다. 수업은 일주일에 일요일을 제외한 6일간 있다. 요카세는 수업이 평일에는 9시에서 시작하여 오후 4시 반까지, 토요일은 3시 반까지 진행되며 혼카세는 평일에는 9시부터 3시 반까지 토요일은 1시 반까지 진행된다(도판 77).

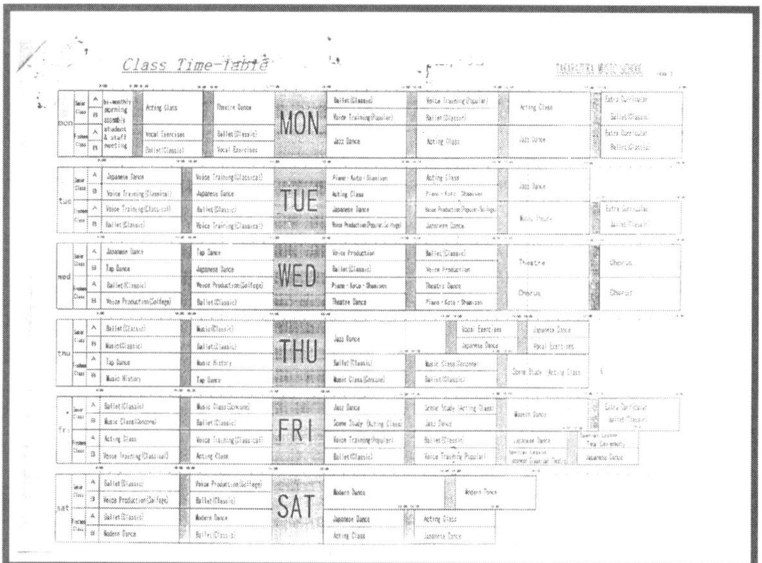

도판 77. 다카라즈카 수업 시간표

학기마다 변동은 있지만 대체로 수업시간의 절반은 발레와 전통 무용, 모던 댄스를 배우며 약 4분의 1은 노래시간으로 합창훈련을 받는다. 또 약

4분의 1은 악기 시간으로 피아노, 북, 플루트, 아코디언, 고토(琴)와 샤미센을 배운다. 연기 시간은 일주일에 약 3시간 정도이며 처음 일 년은 1시간 동안 음악이론을 공부한다. 또한 영어와 일본 문학 그리고 사회과학에 대해서도 수업시간이 할애되어 있다. 그러나 역시 음악과 춤에 관한 수업이 압도적인 비중을 차지하고 있다.[183)]

2) 학생들의 삶

2-1) 규율

요카세에게 수업을 따라가는 것은 무척 힘든 일이지만 더욱 힘든 것은 학교의 규율이다. 어느 누구도 언제부터 이러한 규율이 시작되었는지는 확실히 모르지만 1960년대부터 그 체제는 확고히 자리를 잡았다고 한다. 교사들은 이러한 규율의 유지에 직접적으로 개입하지 않는다. 요카세는 혼카세의 태도와 용모를 배워야만 한다. 선배에 대한 복종적인 태도는 이 규율의 핵심이다. 학생들은 연습실에 들어갈 때와 나갈 때의 규율을 알아야 하며 선배들을 존경해야만 한다. 요카세는 혼가세를 정면에서 바라보지 못한다. 순회공연 동안에도 요카세는 혼카세가 기차를 탄 후에야 탈 수 있다.

183) 이마니시 마사코(今西正子), 앞의 글, 1999, 39-41쪽.

도판 78. 다카라즈카 요카세 교복 규율

또한 자주 있는 일은 아니지만, 혼카세가 보기에 규칙을 존중하지 않는 요카세는 모든 학생들 앞에서 비판의 대상이 된다. 이 때 질문은 매우 날카로우며 그 벌칙도 아주 엄격하다. 이러한 비판의 시기에 핵심적인 모토는 당연히 학교의 급훈인 "순수하고 정의롭고 아름다워야 한다"이다.

이러한 방식의 규율이 얼마나 효과적일까라는 문제에 대해서는 쉽게 답을 내리지 못할 것이다. 그럼에도 이 규율을 통해서 학생들은 공동체에 대한 소속감을 깊이 느끼게 되며, 그 결과로 다카라즈카의 성원이 된다는 점이다. 즉 이는 일종의 통과의례의 성격을 띠고 있는 것이다.

도판 79. 다카라즈카 혼카세 교복 규율

학생들은 모든 행동에 있어서 이러한 규율을 따르게 되고 이는 결국 신체적 훈련의 한 과정으로 간주되고 있다. 기숙사 생활을 통해서 이렇게 다져진 신체의 체득 효과는 다카라즈카에 있는 동안, 그리고 아마도 이후에도 계속해서 남아있을 것이다. 연기라는 것이 단지 머릿속으로만 이해했다고 해서 가능한 것이 아니듯이 신체 훈련은 또 다른 인간의 기억 방법인 것이다. 이러한 규율을 통한 신체 훈련은 따라서 다카라즈카의 행정가들에 의해서도 권장되고 있다. 교육과정을 통해 학생들은 다카라즈카의 배우가 되기 이전에 신체적으로 어려운 기간을 보내게 되며 이는 더 나아가 남에 대한 존경과 이타적인 태도를 함께 배우게 된다. 이러한 혹독한 규율과 관련하여 요카세는 학교의 청결을 책임진다. 요카세는 아침 7시에 기상하여 학교를 청소한 후 혼카세에게 검사를 맡는다(도판 78, 79).[184]

확실히 처음 학교에 입학한 신입생들은 이러한 혹독한 규율 때문에 많이 힘들어하지만 일 년이 지난 후 그들은 학교의 규율을 자신의 몸에 체화하며 규율을 자신의 것으로 만들어버린다. 이는 처음으로 가정에서 떨어져 나와 겪게 되는 제2의 사회화 과정인 셈이다.

2-2) 예명(藝名)

2년 간의 다카라즈카 음악학교의 수업을 마친 후, 학생들은 무대 이름을 선택해야만 한다. 이것이 게메(藝名)인데 그 이름은 다카라즈카의 특성을 반영하듯 일반적으로 환상적이며 서정적인 것이 많다. 개인의 고향을 연상시키는 것이 될 수도 있으며 다카라즈카의 스타에 대한 경의를 표하는 말일 수도 있다.

직접 그 이름들을 열거하면 다음과 같다: '달과 성', '축하', '백조공주', '순수한 물의 꽃', '아침하늘에 떠 있는 달', '보랏빛'[185], '주홍빛 크리스탈'[186], '아름다운 종소리', '진리탐구의 망', '나비, 춤, 꽃', '꽃, 산, 지혜'.

게메 중에서 가장 널리 사용되는 단어는 미(美)라는 단어이다. 이 단어가 상징하는 바를 일반적으로 설명할 수는 없다. 그것은 학생 자신들이 가지고 있는 개인적인 차원의 것이기 때문이다. 하지만 그 미(美)라는 단어가 고바야시의 금언에서 영향 받았음을 부인하기는 힘들 것이다. 그 다음으로 자주 사용되는 단어는 '아이', '천(千)'[187], '꽃', '달', '운', '진실' 그리고 '성(城)'이다. 산, 꽃, 그리고 모래와 같은 단어 역시 학생들에게서 자연의

184) 팸플릿 「宝塚音樂學校 Q&A」 1999.

185) 이 단어를 게메로 쓰고 있는 학생의 어머니가 자신이 다카라즈카 학교의 학생일 때 이를 썼다. 어머니에 존경심을 학생은 게메로서 표현하고 있다.

186) 이 단어가 상징하는 바는 신뢰이다.

187) 천이라는 숫자는 행운의 상징이다.

한 부분으로서 자주 사용되고 있다.[188]

2년간의 과정을 마친 후에는 대극장의 무대에서 학생들이 연극을 하게 된다. 그리고 동시에 졸업장이 수여된다. 이 공간은 처음으로 학생들이 공개적으로 대중 앞에서 무대에 서는 장소이다. 졸업식은 곧 울음바다가 되며 1학년 학생들이 꽃다발을 수여한다.

2-3) 배역 결정

배역의 결정은 다양한 기준을 통해 이루어진다. 그러나 우선적으로 고려하는 것은 배우의 신체이다. 처음으로 중요한 것은 신장이다. 신장을 통해 소녀들은 오토코야쿠와 무스메야쿠의 범주로 이분화된다. 162cm 이상의 신장을 가진 소녀들은 남성역을 소화해 내는데 적합한 것으로 여겨진다. 물론 몇 년 동안 남성역을 연기한 후에도 여전히 너무나 여성과 같이 부드럽다는 인상을 주면 이후에 역을 바꾸게 된다. 무스메야쿠를 맡은 배우 역시 물론 주요 역할을 맡을 수 있고 이를 통해 크게 성공할 수 있지만 일반적으로 남성역을 맡은 배우보다는 경력이 짧다.

따라서 많은 학생들은 남성역을 선호하는 경향이 강하다. 키가 너무 작아 어쩔 수 없는 경우를 제외하고는 많은 학생들이 남성역을 놓고 서로가 경쟁하게 된다. 그러나 이와 반대로 여성역을 함으로써 안정적인 연기를 하고 이를 통해 인기를 얻는 배우도 있다. 또한 남성역을 맡게 되었지만 그 속에서 심리적, 신체적 고통 때문에 무스메야쿠로 역을 바꾸기도 한다.[189]

이상화된 남성을 창조해야 하는 오토코야쿠는 남성에 대한 세밀한 관찰과 이를 바탕으로 한 상상력에 기반하여 연기를 하게 된다. 오토코야쿠가 창조해야 하는 역은 조금은 역설적이기도 한데 얼마나 이를 잘 조화시키는가에 연기의 생명이 있다고 할 수 있다. 즉 아름다운 여성 속에 내재한

188) 팸플릿「宝塚音樂學校 Q&A」1999.
189) 다나카 마리코(다카라즈카 학생)와의 인터뷰, 2001년 7월 6일.

남성을 찾아야 하며, 그것은 또한 신선하면서도 잘 생긴 그리고 강하면서도 애정이 넘치는 모든 것을 내재화해야 함을 의미한다. 이를 위해 우선은 발성에 대한 훈련이 시작된다. 남성이 가질 수 있는 허스키한 목소리와 낮은 저음을 몇 개월에 걸쳐서 찾아내야 하기 때문이다. 그 이후에는 어깨의 동작과 발걸음 등 일상에서 크게 신경을 쓰지 않았던 사소한 모습들을 구체적이고 과학적으로 분석한다. 이를 통해 남성에 대한 포괄적인 이해가 가능하게 된다.

오토코야쿠를 연기한다는 것은 또한 두 개의 성 모두를 경험할 수 있게 해준다. 무대와 팬들 앞에서는 남성의 연기를, 그리고 일상으로 돌아와서는 가족과 친구들 사이에서는 여성의 연기를 함으로써 좀 더 포괄적인 인간에 대한 탐구가 이루어질 수 있는 것이다. 한 오토코야쿠는 남성역을 연기하면서 여자들이 얼마나 사소한 질투와 눈물로 남성을 힘들게 하는가를 깨달았다고 말하면서, 자신이 결혼하면 남편에게 그런 아이와 같은 유치한 행동은 하지 않겠다고 말한다.

아무도 학생들에게 평상시의 복장에 대해 지시를 내리지는 않지만, 그녀는 자신이 계속해서 관객의 시선을 받고 있음을 금방 깨닫게 된다. 그녀의 팬은 그녀들이 수업시간에, 공연연습장에 들어가고 나올 때에도 항상 그녀 주위에서 맴돈다. 잘 차려입어야 한다는 명시화되지 않은 압력이 존재하는 것이다. 무스메야쿠는 치마나 드레스 그리고 다른 여성 의복을 걸치지 않고는 절대로 극장 근처에 나타나지 않는다. 오토고야쿠는 자신의 사생활에서까지 남성의 의복을 입을 필요는 없다. 하지만 그녀들은 언제나 남성의 분위기를 지어낸다. 중요한 행사가 있는 날에 학생들은 녹색 올리브 색깔의 하카마나 주름진 치마를 입는다. 하카마는 전통적으로 상당히 길지만 순회공연에서는 더욱 짧은 것을 착용한다. 1921년까지 배우들은 수업과 공연 중에 자신이 선택한 색깔의 하카마를 입을 수 있었으며 2차대전까지는 극단의 성원임을 지시하는 '다카라즈카의 녹색'이라고 알려진 치마를 입었다. 전쟁 동안에는 '몸뻬'를 착용했는데 이는 무릎까지 내려오는 옷으로 반(半)-기모노라고 불렸다. 전쟁이 끝난 후에는 학생들은 단지 녹색 하카마 만을 공식적인 행사에 입고 있다.[190]

코미디 뮤지컬을 위해 배우들은 종종 현란한 색의 커다란 가발을 쓰기도 하고 무대 밖에서는 다양한 색깔로 머리를 물들이기도 한다. 그러나 학교에 입학한 처음 1년 동안에는 어떤 색깔로도 머리를 물들이지 못한다. 초기에 고바야시는 일본 여성들이 머리에 염색을 하는 것에 대해 상당한 반감을 품고 있었기 때문에 고바야시의 기일 행사에 참석할 학생들은 그 이전에 머리 색깔을 원래 자신의 색으로 바꾸어야 한다.

2-4) 조(組)

다카라즈카의 전속 배우가 된다는 것은 5개의 그룹, 즉 하나(花), 츠키(月), 유키(雪), 호시(星), 소라(宙) 중에서 한 곳에 배속된다는 것을 의미한다. 각 조에서는 구미조(組長)라고 불리는 책임자가 있고 그 밑에는 후쿠구미조(副組長)라는 부책임자가 있는데 이들이 배우들의 행동에 대한 직접적인 통제와 충고를 맡고 있다. 일반적으로는 각 그룹 중에서 가장 나이가 많은 배우가 구미조를 맡게 된다. 각 구미는 80명에서 100명의 성원으로 이루어지며, 순회공연 중에 배우들을 보살핀다. 이 책임자들은 화장이나 복장에 관한 개인적인 문제에 대해 충고를 하기도 하는데, 이는 다카라즈카 음악학교에서 상급자가 했던 행동의 연속인 것이다.

구미조와 후쿠구미조 외에도 어느 정도 나이든 남자 책임자가 각 구미의 '아버지'로서 존재한다. 그는 수입과 지출을 담당하며 순회공연 기간 동안에 숙박과 교통에 대해 책임을 진다.

전쟁 이전에 각 구미의 배우들은 아주 엄격한 행동 양식에 의해 통제받았다. 그녀들은 남자와 함께, 심지어는 아버지와 오빠와도, 공개적으로 거

190) www.hankyu.co.jp; 팸플릿「制服のすべて」, 1999.

리를 돌아다닐 수 없었다. 또한 무도장 같은 곳에의 출입도 금지되었는데, 이는 도덕적인 이유와 함께 그곳의 축제적 분위기가 학생들에게 정숙하지 못한 결과를 낳을 것이라고 보았기 때문이었다. 학생들은 정숙하고, 단정하며 올바른 삶을 살아야 한다는 것이 이를 제약한 가장 큰 이유였던 것이다. 남자와의 데이트를 금지하는 이러한 규율이 현재는 더 이상 강력하게 남아있지는 않지만 그러한 학생을 보는 것은 아주 드문 경우이다. 특히 오토코야쿠의 경우에는 더 이상 언급할 필요도 없다. 현재 의상은 개별적으로 선택할 수 있지만, 너무나 가식적이고 호화스러운 옷은 금지된다. 또한 머리에 염색을 하는 경우도 사실상 허용이 되고는 있지만 이는 대부분 오토코야쿠에게서만 찾아볼 수 있다.[191)]

각 구미들은 자신들을 대표하는 오토코야쿠 스타를 한두 명 가지고 있다. 물론 무스메야쿠의 경우도 가능하지만 그 영향력이 오토코야쿠에 비할 바는 아니다. 그리고 실제로 각 구미들은 이러한 스타 오토코야쿠를 키우기 위해 그들만의 훈련과정을 가지고 있다.

일반적으로 다카라즈카 음악학교 졸업생들이 극단에 들어가는 시기에 학생들은 각 구미에 배속 받게 된다. 그리고 그 속에서 적응과정을 거치게 되며 효과적인 구미의 운영을 위해 학생들이 각 구미를 이전하게 된다.

극단에 들어가게 된다는 것은 학생들에게 꿈이 현실이 되는 순간임을 의미한다. 그러나 꿈을 이루기 위해서는 여전히 고된 연습과 훈련이 기다리고 있다. 이 과정을 거치면서 학생들은 극단으로부터 아주 소량의 정기적인 월급을 받게 된다. 이는 월급의 개념이라기보다는 열심히 연습할 것을 부탁하는 격려금 정도라고 할 수 있다.

창립자 고바야시는 연극의 주된 목적의 하나로 교육을 내세우면서 다카라즈카는 남성을 연구하는 연극이라고 생각했다. 그 역시 남성과 여성의 문제를 중요시했다. 그러나 현재의 해방구로서의 성격을 갖는 다카라즈카

---

191) 나카무라 히토토쿠(연극 평론가)와의 인터뷰, 2003년 7월 13일.

와는 확연히 다른 생각을 그는 품고 있었다. 그는 여성들이 남성들의 심성을 잘 이해해 주기를 원했다. 그리고 그것은 배우들이 은퇴한 후에 결혼생활을 훌륭하게 하는데 큰 도움이 될 것이라고 생각했다. 왜냐하면 남성이 원하는 것을 남성역을 맡은 배우가 잘 이해할 것이고 따라서 남편을 잘 섬길 것으로 보았던 것이다. 그에게 있어 다카라즈카는 일본의 전통을 유지하기 위한 훌륭한 여성 교육 기관이었다.

현재까지 이러한 정신이 지속되고 있다고 보기는 힘들다. 오늘날 다카라즈카는 기존의 성에 대한 관념을 파괴하면서 성을 하나의 선택으로 바라보아야 한다고 우리에게 말하고 있다. 더 나아가 다카라즈카는 남성과 여성을 나누는 이분법적 구도를 깨뜨리고 신화의 전설 속에 존재하는 양성의 존재로 가야한다고 주장한다. 그것은 이미 우리의 내면에 있는 것이고 우리는 이를 발견하기만 하면 되는 것이다. 다카라즈카는 우리에게 그 발견의 길잡이로서의 역할을 하고 있다. 그것은 남녀 문제에 대해 다른 시각을 제시하고 있는 것이다.

5. 소결

다카라즈카는 공연에서 화려한 무대와 의상, 높은 극적 효과, 그리고 오토코야쿠를 통해 나타나는 낭만적 분위기의 창조를 특징으로 한다. 이를 통해 현재 다카라즈카는 새로운 성의 창조라는 사회적 기능을 수행하고 있으며 이는 여성들에게 하나의 해방감을 선사했다.

그러나 역사적으로 보면 현재와 같은 여성만의 가극이라는 이미지가 하루아침에 나타난 것은 아니었다. 1920년대부터 시작된 남성 가입의 문제는 계속해서 다카라즈카 내부의 논쟁대상이 되었으며, 특히 다카라즈카의 인기가 떨어질 때 그러한 문제제기는 더욱 빈번하게 나타났다. 그러나 다카라즈카는 이 시기에 여성교육기관으로서의 위상을 계속해서 견지해 나갔다. 이는 여성만의 가극이라는 이미지를 확산시킴으로써 가극의 성공을 더욱 효과적으로 가져왔다.

그러나 다카라즈카의 양성적 이미지는 악용될 소지가 있었다. 2차 대전을 거치면서 다카라즈카의 양성적 사고가 일본 제국주의의 이데올로기로서 이용당하게 된 것이다. 즉 일본 제국주의자들은 오토코야쿠가 남성과 여성의 혼합을 통해 새로운 아름다움을 만든 것처럼, 아시아의 다른 민족들도 일본인들과 함께 전쟁에 참여함으로써 새로운 세상을 만들 수 있다고 선전했던 것이다. 이러한 오토코야쿠의 양성적 이미지는 다른 민족 간의 혼합이 가능하다는 환상을 불러일으켰고, 그것이 일본의 대동아공영권을 통해 가시화되었다. 결국, 이 시기에 다카라즈카는 전쟁을 고취시키기 위한 가극들을 계속해서 상연하면서 일본 위정자들의 자기합리화에 공헌했다.

V. 결론

다카라즈카는 현재 많은 팬들을 확보한 일본의 대중 가극이다. 1913년에 오사카의 조그만 변두리 마을에서 시작된 이 가극이 일본의 관객들, 특히 여성관객들의 마음을 사로잡아 가면서, 일본을 대표하는 문화상품으로서 자리매김할 수 있었는가는 흥미로운 지점이라고 할 수 있다. 그러나 기존의 연구가 주로 다카라즈카의 현재성에만 초점을 맞춤으로써 일본 내에 존재했던 양성에 대한 이미지와 다카라즈카의 관련성에 소홀히 한 것은 큰 한계라고 할 수 있다. 이에 이 책에서는 다카라즈카의 형성과정과 변화에 주목하면서도 더 나아가 일본의 양성에 대한 미학과 다카라즈카의 관련성을 찾아보고자 했다. 소결에서 이미 언급했던 내용을 다시 한번 반복해서 정리하면 다음과 같다.

우선 2장에서는 다카라즈카의 형성 과정을 다루었다. 1913년의 초기에 다카라즈카는 아동극의 형태를 띠었다. 배우들의 연령층은 12세에서 15세에 머물렀으며 현재와 같은 여성가극의 이미지를 강하게 내포하고 있지는 않았다. 당시에 어린 배우들의 무대 실수는 관객들의 흥미를 크게 자극했다. 그러나 고바야시는 다카라즈카 가극이 이처럼 비전문적인 수준에 머무르기를 원하지는 않았다. 그리고 이런 맥락에서 그가 제기한 것이 바로 국민극의 개념이다. 그에게 있어 예술은 단지 지식인만을 위한 것이 아닌 일반 대중을 위한 것이어야 했던 것이다. 공연의 관람료를 낮추고 많은 관객을 끌어들이려는 이러한 노력은 대극장주의와 맥을 같이 한다.

다른 한편으로, 고바야시는 서양으로부터 직수입된 음악과 오페라만을 높게 평가하는 당시의 도쿄의 분위기에 반대하였다. 그리고 이러한 결과를 낳게 된 것은 가부키가 사람들의 감각을 잘 포착하지 못하고 있기 때문이라고 생각했다. 가부키의 가극화, 즉 일본 예능의 장점을 살려나가면서 현대인의 취향에 부합해 나가려는 것은 바로 이런 당시의 상황을 반영한 고바야시의 미학관이다.

그러나 다카라즈카의 이러한 노력은 도쿄의 비판에 직면해야 했다. 당시 도쿄는 다카라즈카에 대해서 타락한 연극이라든가 가부키극의 어설픈 모방이라는 혹평을 가했다. 이런 상황의 극복을 위해 다카라즈카는 1920년대 말부터 새로운 시도를 하게 된다. 그것이 바로 프랑스 유학파들을 통한 레뷰의 도입이다. 화려한 무대와 의상을 통해 다카라즈카는 가부키의 가극화라는 정신을 상당히 포기하게 되지만 관객들로부터는 더욱 더 큰 인기를 얻게 된다. 고바야시는 이 순간에 레뷰의 문제점을 지적하였지만 도쿄의 진출을 위해서 이를 수용하게 된다. 이후 다카라즈카는 1928년의 《몽 파리》 공연을 통해 도쿄에서 발판을 마련하는데 성공한다. 그러나 이에 멈추지 않고 세계로까지 시선을 돌린다. 세계로의 진출을 위해 다카라즈카는 일본의 전통적 요소로 다시 관심을 집중한다. 이는 일본에서는 서양적인 문화, 서양에서는 동양적 문화라는 일본의 이중적 전략을 잘 반영했다. 그러나 이러한 시도는 일정정도 고바야시의 가부키개량을 통한 국민극 수립과는 거리가 멀어지게 되는 결과를 낳는다.

3장에서는 다카라즈카의 양성적 측면을 파악하기 위해 일본의 전통적 미학관을 살펴보았다. 일본은 오래전부터 양성의 혼재를 미적 대상으로 고려하였다. 그리고 이는 일본인이 지니는 인공적이며 비자연적인 것에 대한 찬양과 긴밀히 연결된다. 불교의 변신, 미소년, 그리고 가부키의 온나가타와 다카라즈카의 오토코야쿠는 이런 미학관의 연장선상에서 나온 것이다. 결국 현재 다카라즈카의 인기는 이러한 일본인들의 사고체계를 잘 수용한 것에 바탕을 두고 있다고 볼 수 있다.

이에 대한 현재적 고찰을 위해 관객들이 가지고 있는 양성에 대한 생각을 직접 살펴보았다. 그리고 그것은 일본의 소녀만화와 깊은 관련을 가지고 있음을 확인할 수 있었다. 실제로 많은 여성관객들이 안드로진을 다루는 만화를 즐기고 있었으며, 다카라즈카를 통해 만화 속의 주인공을 직접 만나고자 했다. 다카라즈카의 《베르사유의 장미》는 이러한 양성적 인물을 잘 형상화한 작품이라고 할 수 있다.

4장에서는 다카라즈카에서 어떤 방식으로 이러한 양성적 이미지를 형상화시켰으며 그것은 역사적으로 어떻게 표출되었는가를 다루었다. 다카라즈카는 공연에서 화려한 무대와 의상, 높은 극적 효과, 그리고 오토코야쿠를 통해 나타나는 낭만적 분위기의 창조를 특징으로 한다. 이를 통해 현재 다카라즈카는 새로운 성의 창조라는 사회적 기능을 수행하고 있으며 이는 여성들에게 하나의 해방감을 선사했다.

그러나 역사적으로 보면 현재와 같은 여성만의 가극이라는 이미지가 하루아침에 나타난 것은 아니었다. 1920년대부터 시작된 남성 가입의 문제는 계속해서 다카라즈카 내부의 논쟁대상이 되었으며, 특히 다카라즈카의 인기가 떨어질 때 그러한 문제제기는 더욱 빈번하게 나타났다. 그러나 다카라즈카는 이 시기에 여성교육기관으로서의 위상을 계속해서 견지해 나갔다. 이는 여성만의 가극이라는 이미지를 확산시킴으로써 가극의 성공을 더욱 효과적으로 가져왔다.

그러나 다카라즈카의 양성적 이미지는 악용될 소지가 있었다. 2차 대전을 거치면서 다카라즈카의 양성적 사고가 일본 제국주의의 이데올로기로서 이용당하게 된 것이다. 즉 일본 제국주의자들은 오토코야쿠가 남성과 여성의 혼합을 통해 새로운 아름다움을 만든 것처럼, 아시아의 다른 민족들도 일본인들과 함께 전쟁에 참여함으로써 새로운 세상을 만들 수 있다고 선전했던 것이다. 이러한 오토코야쿠의 양성적 이미지는 다른 민족간의 혼합이 가능하다는 환상을 불러일으켰고, 그것이 일본의 대동아공영권을 통해 가시화되었다. 결국, 이 시기에 다카라즈카는 전쟁을 고취시키기 위한 가극들을 계속해서 상연하면서 일본 위정자들의 자기합리화에 공헌했다.

이와 함께 언급한 것은 다카라즈카 음악학교에서의 교육 체계이다. 여기서는 시험을 통해 입학한 학생들이 다카라즈카 극단의 성원이 되면서 갖게 되는 다양한 삶을 다루고자 했다. 특히 오토코야쿠를 통해 드러나는 발성과 연기 훈련의 과학적 모습 그리고 인간 전체에 대한 포괄적인 이해를 도모하는 그들의 노력은 우리에게도 시사하는 바가 클 것이다.

이 책을 통해서 확인한 것처럼, 다카라즈카는 많은 변화를 역사적으로 경험하였다. 그럼에도 불구하고, 여성 가극이라는 자신들의 정체성을 끝까지 지켜내었고, 그것은 현재의 성공원인을 분석하는 중요한 틀이 된다. 또한 남성역을 소화해내고 있는 오토코야쿠는 단순히 한 배우로서가 아니라, 관객들에게 이상적 남성과의 만남을 가능케 해주고 있다. 그리고 그것은 더 나아가, 새로운 성에 대한 관념의 창조를 수반하면서 일본 사회의 변화를 견인해 내고 있다. 어찌 보면, 그것은 인간 모두에게 내재하고 있음에도, 직접적으로 드러내지 못했던 양성의 개념을 이제는 공연에만 머무르지 않고, 현실에서도 적용해나가자는 주장이 될 수도 있다. 가스통 바슐라르(Gaston Bachelard)는 이와 관련하여 다음과 같이 말하고 있다.

> "안드로진은 신화나 전설에서 등장했던 존재하면서 생물학적인 범주를 벗어나는 존재가 아니다. 안드로진은 우리의 뒤에 멀리 떨어져 있는 존재가 아니라 꿈을 꾸고자 하는 모든 사람의 앞에 있는 존재이다." 192)

192) Gaston Bachelard, *La Poétique de la Rêverie*, PUF, 1978, p. 73.

다시 말하면, 인간에 보편적으로 내재된 이러한 개념을 다카라즈카는 새로운 사회의 전망으로서 제시하는데 성공한 것이다. 그리고 그곳에 다카라즈카의 안드로진이 있었던 것이다. 물론 이러한 개념이 현재 일본 사회에서 주도적인 담론으로 자리잡았다고 말하기는 힘들 것이다. 그럼에도 그들은 공연이라는 무대를 통해 하나의 탈출구를 만들어내었고, 그것을 전통적 차원에까지 끌어올리면서 역사적 의미를 부각시키는데 성공했다. 공연이 진보성을 획득하기 위해서는, 과거에 대한 새로운 해석과 이를 통해 현재의 인간들에게 행복을 주어야 할 것이다. 다카라즈카의 공연이 과연 미래에 어떤 모습으로 변형되어 나아갈지 현재로서는 모른다. 그럼에도 일본 사회에 새로운 활력을 주면서 일본 여성들과의 대화를 시도했다는 점에서 다카라즈카는 일본의 무대에서 화려한 꽃으로 피어나고 있는 것이다.

그러나 다카라즈카 가극의 이후 발전과 현재 모습 속에서 비판할 점이 전혀 없는 것은 아니다. 다카라즈카의 창시자인 고바야시의 개인적 성향과 이후 정치적 도구화에서 드러나듯이, 전통을 강조하는 특성은 일본 군국주의에 대한 암묵적인 동조와 순종적인 전통적 여성상을 유지하려는 모습으로 이어졌다. 또한 대중과 가까운 연극을 만들겠다던 야심은 이후 통속성을 강화시키고 상업적인 면만을 부각시키는 연극으로 나아가게 한 면도 있다. 이러한 이유로 인해 현재 다카라즈카 가극이 일본 사회에서 하고 있는 역할은 소녀 취향적인, 다분히 주부들과 어린 여학생들의 환상만을 만족시키는 극으로 살아남고 있다는 비판도 설득력이 있다.

다카라즈카 가극이 우리나라 여성국극에 비해 왕성하게 활동하고 있다는 그 사실만으로 우리가 비판 없이 이 연극을 높이 평가해야 할 필요는 없다. 연극의 주된 역할 중의 하나가 사회문제를 제기하고 그것을 극의 형식으로 다룸으로써 사회발전에 기여하는 것이라고 볼 때, 다카라즈카 가극이 그 역할을 수행한다고 보기는 어렵기 때문이다. 오히려 우리는 다카라즈카가 가졌던 고민을 통해 앞으로 한국 연극이 지향해야 할 바를 생각해볼 수 있을 것이다. 그것은 다시 말하면 대중성과 예술성, 전통성과 근대성의 올바른 조화가 무엇인가에 대한 진지한 질문이 될 것이다. 현재 한국은 서양 직수입의 뮤지컬이 큰 인기를 얻고 있다. 막대한 예산을 들여 제작된 이러한 뮤지컬은 그러나 한국적 정서를 간과하고 있다는 비판을 피하기 어렵다. 즉, 한국인의 정서를 잘 반영한 한국적 뮤지컬의 탄생이 요청되고 있는 것이다. 다카라즈카의 경험은 이런 측면에서 우리에게 제시하는 바가 크다. 왜냐하면 자신들의 전통을 살리면서도 대중성을 잃지 않으려 했던 다카라즈카의 고민이 바로 이 지점이기 때문이다. 새로운 한국적 가극의 발전 방향을 설계하는데 있어 다카라즈카의 역사적 경험은 우리에게도 시사하는 바가 클 것이다.

부록

說 問 紙

お名前:

年齢:

性別:

職業:

1）あなたはどの都市にすんでいますか

2）あなたは結婚していますか

3）宝塚の演劇をみたのはいつですか

4）なぜ宝塚の演劇をみにいくのですか

5）一年にどのくらい宝塚の演劇をみますか

6）あなたは２回以上宝塚の同じ演劇をみることがありますか

7）宝塚の演劇が成功する理由はなんだと思いますか

8）宝塚演劇の優れている点はなんだと思いますか

9）宝塚演劇の劣っている点はなんだと思いますか

10）男役をみてどんな風に感じますか

11）なぜ娘役より男役のほうがたくさんファンがいるのだと思いますか

12）あなたの友達の中に宝塚のファンはいますか

13）日本の社会で男女差別の問題は深刻だと思いますか

14）いつこのような男女差別の問題を感じますか

15）同性愛についてどんな風に考えますか

16）役者の大多数が女性ですがこの点についてどんな風に考えますか

17）役者が歌劇団をやめるのはどんなときだと思いますか

18）役者が歌劇団をやめたあとでなにをしますか

19）あなたの目から見て役者と演出家の関係に問題はあると思いますか

도판 80. 설문지를 작성하고 있는 다카라즈카 팬

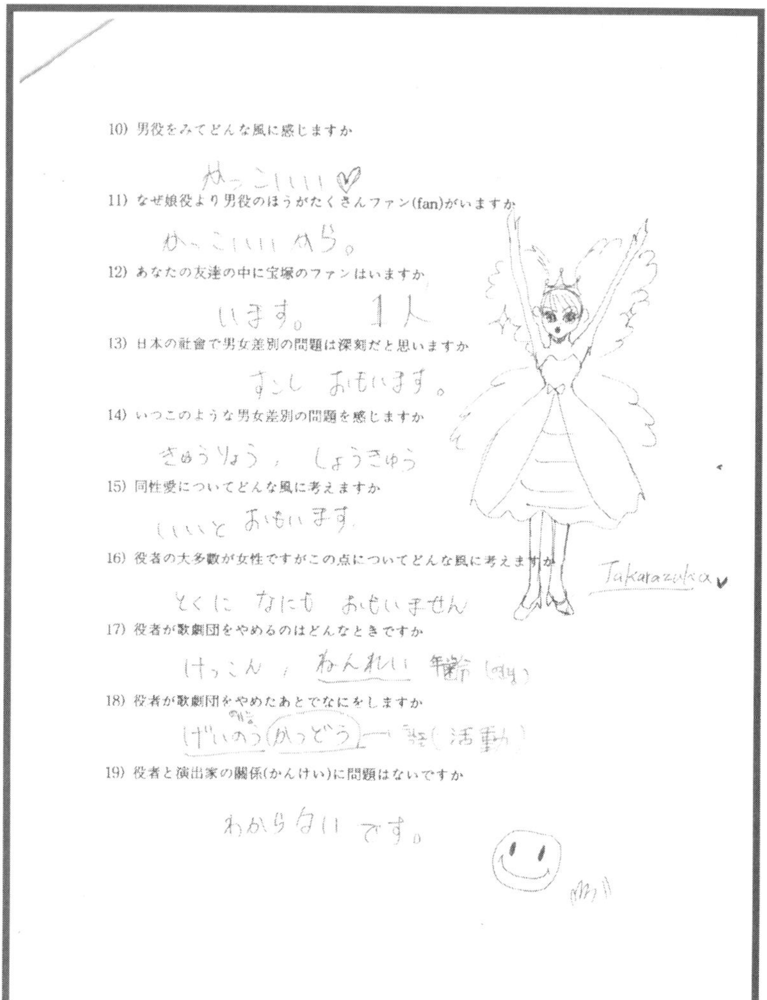

10) 男役をみてどんな風に感じますか

かっこいい♡

11) なぜ娘役より男役のほうがたくさんファン(fan)がいますか

かっこいいから。

12) あなたの友達の中に宝塚のファンはいますか

います。 1人

13) 日本の社會で男女差別の問題は深刻だと思いますか

すこし おもいます。

14) いつこのような男女差別の問題を感じますか

きゅうりょう， しょうきゅう

15) 同性愛についてどんな風に考えますか

いいと おもいます

16) 役者の大多數が女性ですがこの点についてどんな風に考えますか

とくに なにも おもいません

17) 役者が歌劇団をやめるのはどんなときですか

けっこん， ねんれい 年齢

18) 役者が歌劇団をやめたあとでなにをしますか

げいのうかつどう

19) 役者と演出家の關係(かんけい)に問題はないですか

わからないです。

도판 81. 다카라즈카 팬이 그려준 그림

설문 결과

(100명을 대상으로 2001년과 2003년에 일본에서 진행된 조사)

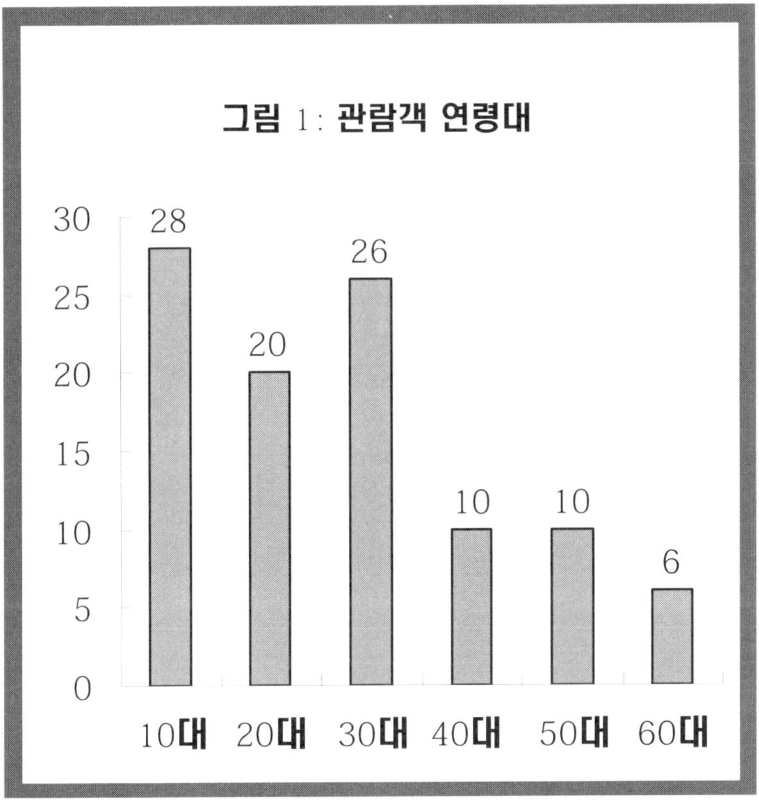

40대 이후 관람객 숫자가 줄어들었지만 노년층의 여가생활이 전반적으로 낮을 수 있다는 것을 고려해보면 다카라즈카는 전 연령층에서 고르게 사랑을 받고 있는 것으로 나타났음.

그림 2: 관람객의 결혼 유무
(모든 연령을 대상)

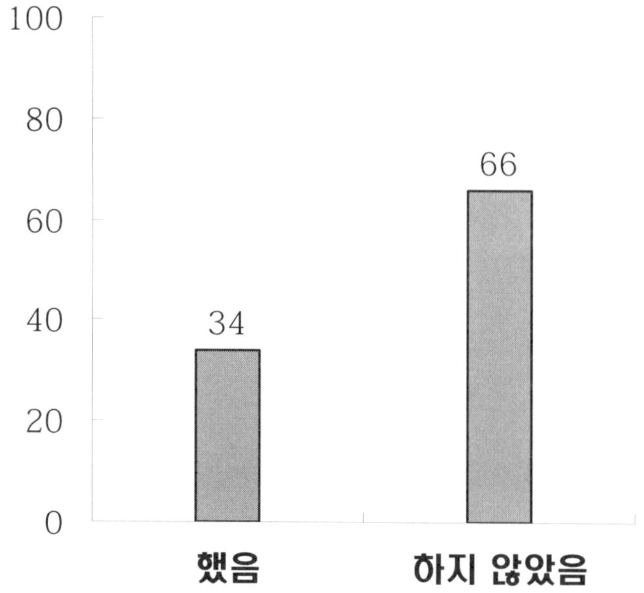

관람객들의 경우 미혼이 두 배 정도가 되는 결과가 나왔음. 즉 결혼을 하지 않은 여성일수록 다카라즈카를 더 좋아하는 것으로 해석할 수 있음. 그러나 10대, 20대, 30대의 관람객이 많기 때문일 수도 있음. 결혼 유무와 다카라즈카 애호와의 관계를 파악하기 위해 25~35세 여성을 대상으로 결혼 유무를 다시 살펴보아야 함.

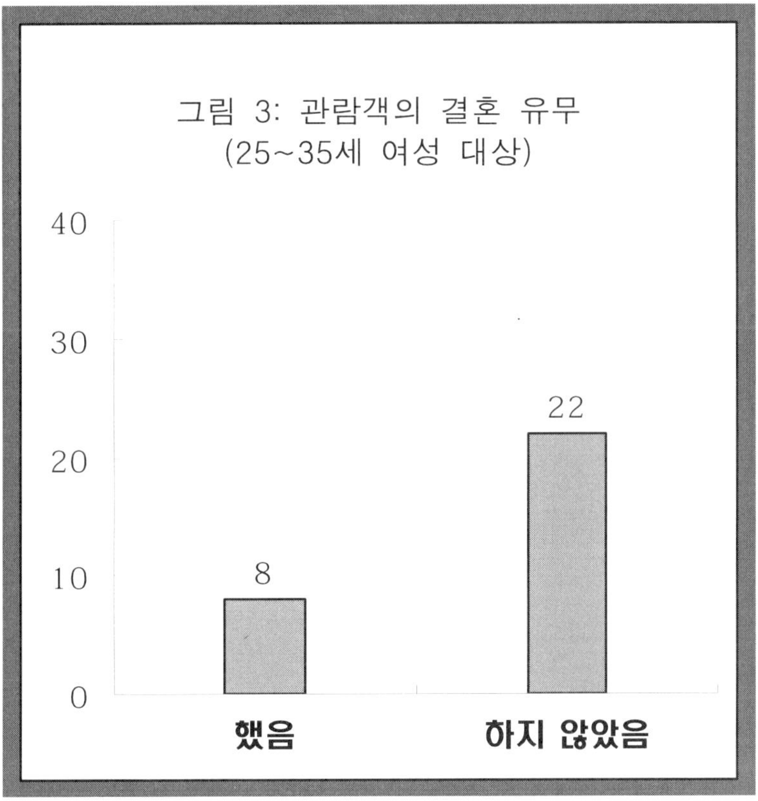

결혼하였을 확률이 높은 25~35세 여성을 대상으로 다카라즈카 관람객의 결혼유무를 조사했을 때 결혼하지 않은 관람객이 결혼한 관람객보다 2배 이상 3배 가까이 높은 것으로 나타났음. 결혼을 하지 않은 여성들이 환상적인 무대 공연을 뽐내는 다카라즈카 공연을 좋아하는 것으로 해석할 수 있을 것임.

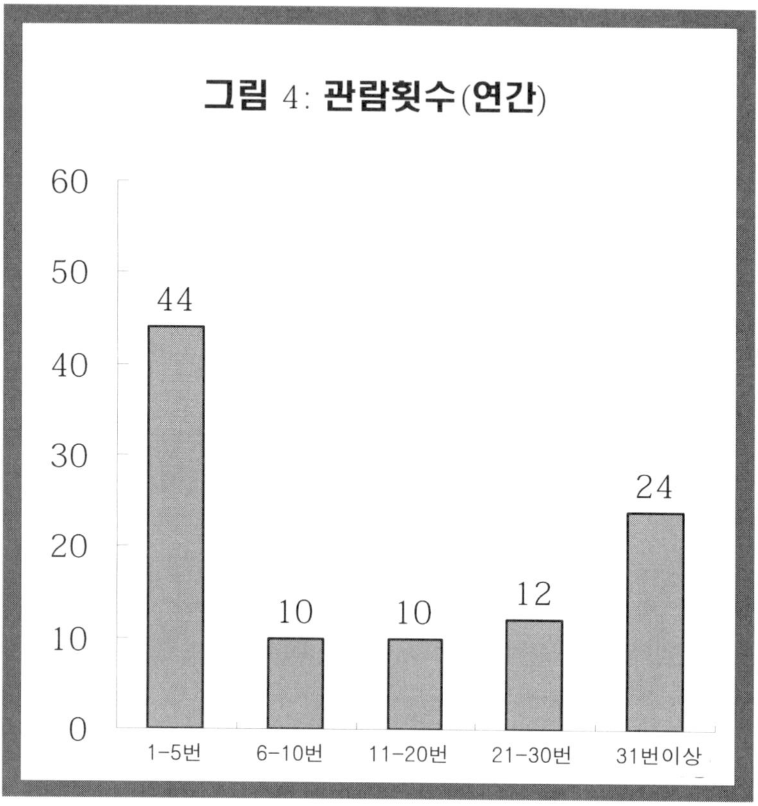

평균적인 관람 횟수를 살펴보면 5번 이하가 가장 많았지만 21번 이상도 매우 높은 것으로 나타났음. 가끔씩 보는 다카라즈카 관객들도 있지만 상당히 열성적인 팬의 비중이 높은 것으로 보임.

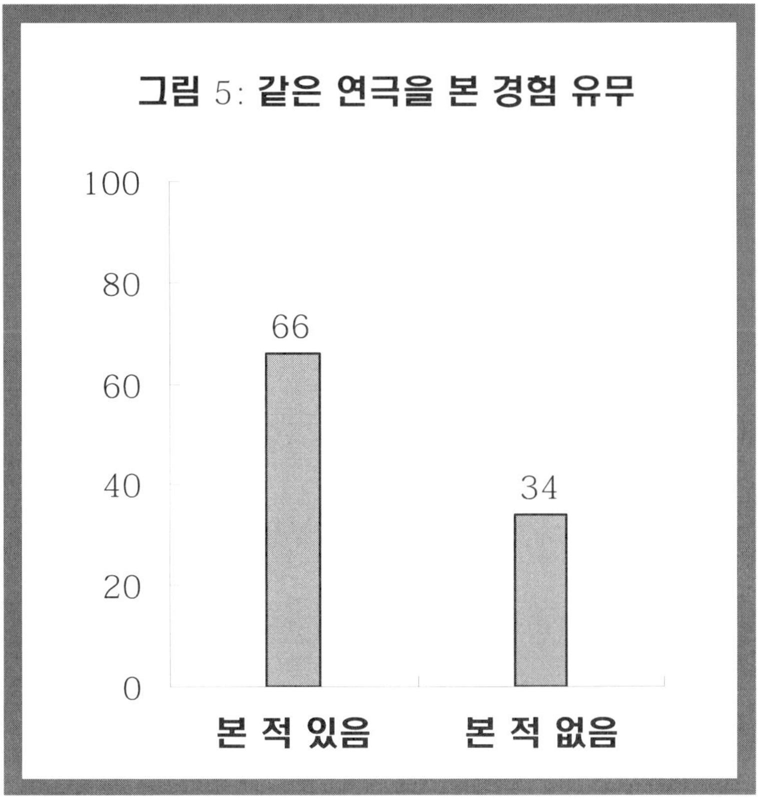

그림 5: 같은 연극을 본 경험 유무

같은 공연을 본 경험이 있는가라는 질문에 그렇다고 대답한 관람객이 그렇지 않다고 대답한 관람객보다 두 배 정도 많음. 이러한 결과는 위 그림 4와 비슷하게 열성적인 다카라즈카 팬이 상당히 많음을 나타내는 것임.

그림 6: 동성애에 대한 찬성 여부

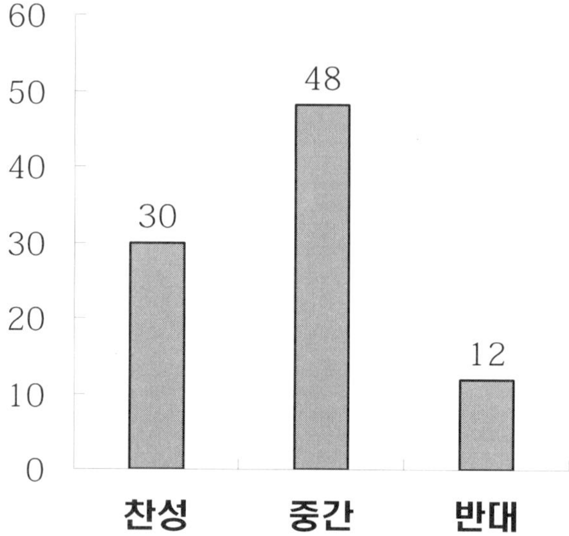

다카라즈카 관객의 동성애에 대한 입장은 찬성이 30명, 중간입장이 48명 반대가 12명이었음. 반대가 단지 12명이었다는 것은 관객들이 동성애에 대해 관용적인 태도를 보이는 것을 시사하고 있음. 이러한 결과가 다카라즈카 관객들에게서만 나타나는 것인지 아니면 일본여성 전반에게서 나타나는 현상인지는 다른 일본여성에 대한 조사가 없어서 확정짓기는 곤란할 것이라고 해도 어쨌든 다카라즈카를 애호하는 일본여성들이 동성애에 대해 그다지 거부감이 없다는 것은 확실함.

보론: 동아시아의 여성극

동아시아에서 여성들만으로 행해지는 연극은 대중적이다. 이것은 서양에서는 찾아보기 힘든 모습이다. 이러한 여성들만의 연극이라는 공연 장르는 남성과 여성 사이의 차이를 강조하기보다는 '제 3의 성'이라는 존재에 대한 긍정성을 보여준다고 할 수 있다. 더 나아가 이러한 공연은 동아시아의 남성 중심 사회에 대한 해방구로서의 역할을 수행하는 것이기도 하다.

대표적인 사례로 들 수 있는 것은 중국의 월극(越剧), 타이완의 거자이시(歌仔戲), 일본의 다카라즈카(宝塚), 한국의 여성국극(女性國劇)이다. 공연 예술과 대중 문화에서 안드로진은 중요한 주제 가운데 하나이다. 이것은 새로운 성의 창조를 통한 미학적 감성, 신체의 특별한 아름다움에 동아시아가 크게 흥미를 느끼고 있다는 것을 의미한다.

여기에서는 간략하게 월극, 거자이시, 여성국극에 대해서 살펴봄으로써 다카라즈카의 인기 비결이 동아시아에서는 공통적이라는 점을 부각시키고자 한다.

1. 월극

현재 360개가 넘는 다양한 공연 장르를 가지고 있는 중국에서 월극은 여성만이 무대에 선다는 점에서 다카라즈카와 비교할만하다. 1906년 저장성(浙江) 성저우(嵊州)에서 시작된 월극은 음악, 젠더, 동작 등에서 여성성을 강조하고 있다. 베이징의 경극이 소위 양(陽)을 나타낸다면 이와 대조해서 월극은 음(陰)을 나타낸다고 할 수 있다(도판 82).

도판 82. 월극 《양산박과 축영대》

월극의 발전은 현대 중국 사회에서 제 3의 성이 창조될 수 있는 가능성을 보여준다. 월극의 배우들은 우아하면서도 부드러우며 사랑 이야기를 주제로 연기를 한다. 월극 역시 초기에는 남성들만으로 공연하였으나 여성들이 1923년에 연기를 시작하였고 1930년대를 거치면서 여성만이 무대에 서게 되었다. 중화인민공화국이 세워진 후에 정부와 공산당으로부터

환영을 받았고 1950년대와 1960년대에 큰 인기를 얻었다. 그러나 문화대혁명 기간 동안에 다른 전통 중국 공연과 마찬가지로 공연은 금지되었다. 1980년대에 월극은 다시 인기를 얻게 되었지만 다른 새로운 예능들의 도전을 받아야만 했다. 1980년대와 1990년대에 월극은 중장년층 여성들을 위한 연극으로 여겨졌는데, 월극을 좋아했던 팬들은 대부분 가난하고 고등교육을 받지 못한 저장성 이민자들이었다.[193] 월극은 현대 사랑 이야기에 초점을 두면서 에로틱한 측면을 제거하였고, 다카라즈카와 마찬가지로 여배우들의 연기는 여성들이 원하는 남성성을 부각시켰는데, 이것은 새로운 성의 창조라는 상상력을 관객들에게 불러일으켰다. 그리고 여성들만의 극단 창조는 가부장적인 사회로부터의 여성 독립을 의미하는 것이었다.

2. 거자이시

타이완의 거자이시는 20세기 초에 설립된 극단으로 사회적, 정치적 환경 속에서 변형을 거듭했다. 중국의 지방 연극처럼 방언으로 공연된다. 다른 지방 연극의 다양한 양식을 흡수하고 변형시켜 독립적인 공연 양식으로 만들어졌다. 거자이시는 17세기에 타이완에 정착한 중국의 남동부 이민자의 역사, 문화와 긴밀하게 연결되어 있고 청조를 거쳐서 지속되었다. 비록 거자이시 역시 일본의 식민지배 말까지 남성들만이 공연을 했지만 여성들만의 공연으로 바뀌어갔다. 이러한 변화는 서서히 일어났다. 여성배우들은 공연에서 조금씩 남성들과 교대로 공연을 했지만 이후 완전히 여성배우들만 무대에 서게 된다. 처음으로 여성들만으로 공연을 한 것은 1910년대 말이었다. 그 이유는 남녀가 섞여 있는 극단에서의 스캔들로 인

193) Haili Ma, "Yueju – The Formation of a Legitimate Culture in Contemporary Shanghai," *Culture Unbound*, volume 4, 2012, pp. 215-216.

해 사회적 비판을 받자 이를 원천적으로 막아 배우들의 통제를 더 용이하게 하기 위한 것이었다.

전통 공연에서 자리를 잡지 못했던 여성들은 가부장적 구조 하에서 남성 연출들로부터 연기 교육을 받았다. 현재 전문적 거자이시 극단에서는 구성원들의 대다수가 여성이며 거의 예외없이 남성 주인공은 여성이 연기를 하고 있다. 이러한 여성 중심의 배우 선발은 이 극단의 특징으로 자리잡아 인기를 얻게 만들었다(도판 83).

도판 83. 거자이시 《용봉정연》(龙凤情缘)

20세기를 거치면서 일본의 산업화와 타이완의 서구화로 타이완은 서구의 문화를 받아들일 수 있었다. 여성 배우의 출현은 타이완 여성들의 전통사회로부터의 이탈과 사회로의 진출을 의미하는 것이었다. 산업화와 근대화를 통해 여성들은 남성들과 대등한 위치를 차지할 수 있다는 자신감을 얻었다. 그 결과 여성들은 가정의 범주를 벗어나 공적 영역으로 진출했다. 여성 배우의 출현, 여성 관객의 증가, 그리고 취향의 다변화 덕택에 거자이시는 타이완 사람들의 사랑을 받기 시작했다.[194]

3. 여성국극

한국의 여성국극은 판소리를 바탕으로 해서 만들어진 창극에서 발전했다. 여성국극은 1940년대 말부터 그 모습을 보이다가 1949년 2월에 공연한 《햇님 달님》 의 대성공 이후, 1950년대에 서양의 블록버스터 영화와 경쟁할 정도로 큰 인기를 얻었다. 여성 배우들이 남성의 역할을 하면서 보여준 매력은 다카라즈카의 모습과 크게 차이가 없는데 실제로 1940년대 초에 한국에서 공연한 다카라즈카를 보면서 그 양식을 크게 차용했다. 다른 한편으로 1950년대 초의 한국 전쟁 와중에서 관객들은 여성국극을 보면서 크게 위안을 얻을 수 있었는데 그것은 당시 여성국극이 전쟁의 소용돌이 속에서도 이를 극복한 남녀의 애정을 부각시켰기 때문이었다(도판 84, 85).

도판 84. 《춘향전》 1953년

194) Chao-Jung Wu, "Performing postmodern Taiwan: gender, cultural hybridity, and the male cross-dressing show," Dissertation of Wesleyan University, 2007, p. 91

도판 85. 1954년 여성국극 포스터

하지만 1960년대로 접어들면서 여성국극은 쇠퇴하기 시작했다. 다른 여러 이유가 있겠지만 무엇보다도 레퍼토리의 다양화에 실패했고, 창이나 무용을 할 수 있는 사람이 부족했다는 점을 들 수 있다. 이에 더해 백현미는 쇠퇴 원인을 사회현상이라는 관점에서 분석했는데, 그것은 여성국극이 정치적, 사회적 변화를 거의 반영하지 못했고, 산업화의 시기에, 비근대적 세계에 대한 이야기를 전개했기 때문이라고 진단한다.[195]

195) 백현미,「1950년대 여성국극의 성정치성」,『한국극예술연구』, 12호, 2000.

참고문헌

1. 기초자료

『歌劇: Takarazuka Revue』, 宝塚: 阪急電鐵株式會社, 1918-

『宝塚アカデミア』, 東京: 青弓社, 1999-

『Quatre Reves 通信』, 1999-

2. 단행본

1) 국내서

고승길, 『동양연극연구』, 서울: 중앙대학교 출판부, 1995.

권택영, 『영화와 소설 속의 욕망이론』, 서울: 민음사, 1995

김병철, 『추억의 여성국극 53년사』, 서울: 남아예술원, 2002.

나츠메 소세키, 서석연 역, 『마음·그 후』, 서울: 범우사, 2002.

노마 필드, 박이엽, 『죽어가는 천황의 나라에서』, 서울: 창작과 비평사, 1995.

돌로레스 마르티네즈 엮음, 김희정 옮김, 『왜 일본인들은 스모에 열광하는가: 문화인류학으로 본 일본 대중문화의 10가지 코드』, 서울: 바다출판사, 2000.

데루오카 야스타카, 정형 역, 『일본인의 사랑과 성』, 서울: 小花, 2001.

루스 베네딕트, 김윤식/오인석 역, 『국화와 칼: 일본문화의 틀』, 서울: 을유문화사, 1996.

문화이론연구소 엮음, 『일본인과 일본문화의 이해』, 서울: 보고사, 2001.

박규태, 『아마테라스에서 모노노케 히메까지: 종교로 읽는 일본인의 마음

』, 서울: 책세상, 2001.
박인하외, 『일본 애니메이션: 아니메가 보고싶다』, 서울: 교보문고, 1999.
박지향, 『일그러진 근대』, 서울: 푸른역사, 2003.
박현수, 『일본 문화 그 섬세함의 뒷면』, 서울: 책세상, 2001.
반재식/김은신, 『여성국극왕자: 임춘앵 전기』, 서울: 백중당, 2002.
사이토 지로, 손상익 역, 『아톰의 철학』, 서울: 개마고원, 1996.
스가이 유키오, 서연호/박영산 공역, 『근대 일본연극 논쟁사』, 서울: 연극과 인간, 2003.
시바 료타로/도널드 킨, 이태옥/이영경 역, 『일본인과 일본문화』, 서울: 을유문화사, 1993.
야마우치 히사시, 정성호 역, 『터부의 수수께끼』, 서울: 사람과 사람, 1996.
오가와 마사츠구, 김학현 역, 『일본 고전에 나타난 미적 이념』, 서울: 小花, 1999.
우메사오 다다오, 김양선 역, 『일본인의 생활』, 서울: 혜인, 2001.
이강렬, 『일본 현대 연극사』, 서울: 현대미학사, 2001.
이거룡, 강성원, 박여성, 『몸 또는 욕망의 사다리』, 서울: 한길사, 1999.
이경덕 편저, 『성풍속으로 보는 일본문화』, 서울: 가람기획, 1999.
히라노 게이치로, 양윤옥 역, 『일식』, 서울: 문학동네, 1999.

2) 일본서

津金澤聰廣, 『宝塚戰略- 小林一三の生活文化論』, 東京: 講談社, 1991
編著 川崎賢子, 渡辺美和子, 『宝塚の誘惑: オスカルの赤い口紅』, 東京: 青弓社, 1992.
中野晴行, 『手塚治虫のタカラヅカ』、東京: 筑摩書房, 1994
御木平輔, 『宝塚から世界が見える』, 東京: 七賢出版, 1994.
下瀬直子, 『宝塚ワンダーランド』, 東京: 青弓社, 1995.

蔦林樹,『男でもなく女でもなく:新時代のアンドロジナスたちへ』, 東京: 勁草書房, 1996.
すみれソサイエテイー,『タカラヅカの秘密: 不思議の花園』, 東京: 文化創作出版, 1997.
天野道映,『宝塚の快樂: 名作への誘い』, 東京: 新書館, 1997.
石井徹也,『宝塚見聞錄』, 東京: 青弓社, 1997.
植田紳爾,『宝塚、わがタカラズカ』, 東京: 白水社, 1997.
田辺麻紀/長峰洋子,『新生 宝塚 大解剖』, 東京: 大榮出版, 1998.
『文藝別冊: 特集 タカラヅカ』, 東京: 河出書房新社, 1998.
田中マリコ,『宝塚よ、どこへ行く』, 東京: 青弓社, 1998.
玉井浜子,『宝塚に咲いた青春』, 東京: 青弓社, 1999.
渡辺 裕,『宝塚歌劇の変容と日本近代』, 東京: 新書館, 1999.
川崎賢子,『宝塚: 消費社會のスペクタクル』, 東京: 講談社, 1999.
永井惠理子,『妖精を生きた、演じた』, 東京; 大村書店, 1999.
草葉たつや,『宝塚の法則』, 東京: 青弓社, 2000.
田辺麻紀/長峰洋子,『宝塚悩殺武藝帖』, 東京: DAI-X出版, 2001.
藪下哲司,『宝塚傳說 2001』, 東京: 青弓社, 2001.
橋本雅夫,『宝塚歌劇今昔物語』, 小學館, 2002.
田中マリコ,『宝塚冗談タイムス』, 青弓社, 2002.
虎井まさ衛,『女から男になったワタシ』, 青弓社, 2002.
植田紳爾,『宝塚 百年の夢』, 文藝春秋, 2002.
宝塚歌劇研究會, 『スキャンダルの中のタカラズカ』, 兵庫: 鹿砦社, 2003.

3) 서양서

Arnott, P., *Theatres of Japan*. London: Macmillan, 1969.

Aziz, M. A., *Japan's Colonialism and Indonesia*, The Hague: Martinus Nijhoff, 1955.

Bachelard, Gaston, *La Poétique de la Rêverie*, Paris: PUF, 1978

Bernstein, Gail (ed)., *Recreating Japanese Women, 1600-1945*, Berkeley: University of California Press, 1991.

Buckley, Sandra, (ed), *Broken Silence: Voice of Japanese Feminism*, Berkeley, University of California Press, 1996.

Buruma, Jan., *Behind the Mask: On Sexual Demons, Sacred Mothers, Transvestites, Gangsters, and Other Japanese Cultural Heroes*, New York: Meridian, 1985.

Condon, J., *A Half Step Behind: Japanese Women of the 80s*, New York: Dodd, Mead & Co., 1985.

Craig, Timothy J. (ed), *Japan Pop! : Inside the World of Japanese Popular Culture*, New York: M. E. Sharpe, 2000.

David, Christian, *La Bisexualité Psychique: Essais Psychanalytiques*, Paris: Payot, 1992.

Davis, W., *Japanese Religion and Society: Paradigms of Structure and Change*, New York: State University of New York Press, 1992.

De Vos, George., *Socialization for Achievement: Essays on the Cultural Psychology of the Japanese*, Berkeley: University of California Press, 1973.

Doak, Kevin., *Dreams of Difference: The Japan Romantic School and the Crisis of Modernity*. Berkeley: University of California Press, 1984.

Doi, T., *The Anatomy of Dependence* (trans. Bester, J.), Tokyo: Kodansha International, 1973.

Eliade, Micéa, *Méphistophélès et l'Androgyne*, Paris: Gallimard/Idées, 1962.

Garon, Sheldon, *Molding Japanese Minds: The State in Everyday Life*, Princeton, N. J.: Princeton University Press, 1997.

Gluck, Carol, *Japan's Modern Myths: Ideology in the Late Meiji Period,* Princeton: Princeton University Press, 1985.

Gomarasca, Alessandro (éd), *Poupées, Robots la Culture Pop Japonaise*, Paris: Autrement, 2002.

Goodman, Grant (ed.), *Japanese Cultural Policies in Southeast Asia During World War 2*, New York: St. Martin's Press, 1991.

Gordon, Andrew., *Labor and Imperial Democracy in Prewar Japan*, Berkeley: University of California Press, 1991.

Hary D. Harootunian, *Overcome by Modernity*, Princeton: Princeton University Press, 2000.

Heilbrun, Carolyn. *Toward a Recognition of Androgyny*, New York: Norton, 1982.

Henshall, Keneth G., *Dimensions of Japanese Society : Gender, Margins and Mainstream*, New York: St. Martin's Press, 1999.

Imamura, Anne E, (ed.), *Re-imaging Japanese Women*, Berkeley: California University Press, 1996.

Ivy, Marilyn, *Discourses of the Vanishing: Modernity, Phantasm, Japan*, Chicago: Chicago University Press, 1995.

Kasza, Gregory, *The State and Mass Media in Japan, 1918-1945*. Berkeley: University of California Press, 1988.

Kuhn, Annette, *The Power of the Image: Essays on Representation and Sexuality*, London: Routledge and Kegan Paul, 1985.

Lebra, Joyce (ed), *Japan's Greater East Asia Co-Prosperity Sphere in World War II*. Kuala Lumpur: Oxford University Press, 1975.

Lebra, Takie Sugiyama., *Japanese Patterns of Behavior*. Honolulu: University of Hawaii Press, 1976.

------ (ed), *Japanese Women : Constraint and Fulfillment*, Honolulu: University of Hawaii Press, 1985.

Leupp, G., *Male Colors: the Construction of Homosexuality in Tokugawa Japan*, Berkely: University of California Press, 1995.

Martinez, D. P. (ed), *The Worlds of Japanese Popular Culture: Gender, Shifting Boundaries and Global Cultures*, Cambridge: Cambridge University Press, 1998.

McVeigh, B., *Life in a Japanese Womens College: Learning to be Ladylike*, London and New York: Routledge, 1997.

Nolte, Sharon, *Liberalism in Modern Japan*, Berkeley: University of California Press, 1987.

Ogasawara, Yuko, *Office Ladies and Salaried Men : Power, Gender, and Work in Japanese Companies*, Berkeley: University of California Press, 1998.

Ortolani, Benito, *The Japanese Theatre: From Shamanistic Ritual to Contemporary Pluralism*, Leiden: E.J. Brill, 1990.

Powers, Richard, and Kato, Hidetoshi (eds), *Handbook of Japanese Popular Culture*, New York: Green wood Press, 1989.

Raz, Jacob, *Audience and Actors : A Study of Their Interaction in the Japanese Traditional Theater*, Leiden: E. J. Brill, 1983.

Reingold, E. *Chrysanthemums and Thorns: the Untold Story of Modern Japan*, New York: St. Martin's Press, 1992.

Rimer, I. Thomas, *Toward a Modern Japanese Theater: Kishida Kunio*, Princeton: Princeton University Press, 1974.

Robertson, Jennifer, *Takarazuka: Sexual Politics and Popular Culture in Modern Japan*, Berkeley: University of California Press, 1998.

Schodt, Frederik L., *Manga! Manga! The World of Japanese Comics*, New York: Kodansha, 1985.

Shillony, Ben-Ami, *Politics and Culture in Wartime Japan*, Oxford: Clarendon Press, 1991.

Sievers, Sharon, *Flowers in Salt: The Beginnings of Feminist Consciousness in Modern Japan*, Stanford: Stanford University Press, 1983.

Slaymaker, Douglas (ed), *A Century of Popular Culture in Japan*, New York: The Edwin Mellen Press, 2000.

Wakita, Haruko, *Gender and Japanese History: Religion and Custom*, vol. 1, Osaka: Osaka University Press, 1999.

------ *Gender and Japanese History: the Self and Expression*, vol. 2, Osaka: Osaka University Press, 1999.

Walter, Alain, *Erotique du Japon Classique*, Paris: Gallimard, 1994.

Watanabe, Tsuneo, and Junichi Iwata, D. R. Roberts (trans), *The Love of the Samurai: A Thousand Years of Japanese Homosexuality*, London: GMP, 1989.

3. 논문, 기사

1) 국내논문, 기사

라현숙, "여성만화에서 게이 소재 유행의 메카니즘 분석", *Buddy*, 4호, 1998.

박명희, "Gender 가로지르기: 《올란도(Orlando)》를 통해 본 양성성과 서사적 기법, 『연극학 연구』 제 11집, 2001.

이마니시 마사코(今西正子), 「일본 다카라스카의 교육체계」, 여성국극 50

주년 기념 국제학술 세미나: 동아시아 전통공연예술교육의 실제, 1999.

2) 일본논문, 기사

小林一三,「日本歌劇の第一歩」,『歌劇』, 1918. 8.
-------「再び東京帝國劇場に寶塚少女歌劇を公演するに就て」『歌劇』, 1919. 8.
-------「西洋音樂の普及と墮落との區別」,『歌劇』, 1921. 1.
-------「一部二部の區別」,『歌劇』, 1921. 3.
-------「歌舞伎劇の改善と松竹の 運命」『歌劇』1921. 6.
-------「大劇場の反對者へ」『歌劇』, 1923. 6.
-------「保存し得べからざる歌舞伎劇」,『歌劇』, 1924. 7.
-------「啓蒙藝術の話」,『歌劇』, 1926. 1.
-------「民衆藝術の內容」,『歌劇』, 1926. 1.
-------「寶塚少女歌劇団渡米の話」,『歌劇』, 1927. 6.
-------「宝塚の陳容一新」,『歌劇』, 1929. 3.
-------「いつ、新しい寶塚情緒は生まれるか」,『歌劇』, 1930. 8.
-------「男性加入の必要なし」,『歌劇』, 1932. 4.
岸田辰彌,「《吾が巴里よ》を上演について」,『歌劇』, 1927. 9.
-------「《モン·パリ》 再上演に就て」,『歌劇』, 1927. 10.
長田幹彦,「帝國劇場の廊下にて」,『歌劇』, 1923. 8.
中上川三郎治,「帝劇上演曲目に對する不平」,『歌劇』, 1922. 12.
野島一郎, 「舞臺裝置について, 巴里の色彩をそのままに」, 『歌劇』, 1930. 8.
松本幸四郎, 「成功したる少女歌劇」, 『寶塚少女歌劇二十年史』, 寶塚: 寶塚少女歌劇団, 1933.

青柳有美,「男子加入の危険性」,『歌劇』, 1932. 10.
岡田信一,「男性加入反對と中劇場利用法」,『歌劇』, 1932. 10.
岡村柿紅,「文藝諸家の帝劇公演に對する批評」,『歌劇』, 1922, 12.
坪內士行,「人間の眞價」,『歌劇』, 1920. 1.
-------「丸髷を論じて少女歌劇の將來に及ぶ」,『歌劇』, 1922. 10.
堀正旗,「渠等の赴く所に赴かしめよ」,『歌劇』, 1920. 8.

3) 서양논문, 기사

Atkinson, Dennis, "Takarazuka: Japan's Premier Amusement Park and Modern Theater", Selected Papers in Asian Studies, New Series no.18. Western Conference of the Association for Asian Studies, 1984.

Berlin, Zeke, "Takarazuka: A History and Descriptive Analysis of the All-female Performance Company", Ph. D. Dissertation, New York University, 1988.

Bouloumé, Arlette, "Michel Tournier: une Quête de l'Androgyne", Ph. D. Dissertation, Université de Paris IV, 1984-1985.

Brau, Lorie, "The Women's Theatre of Takarazuka". *The Drama Review* vol. 34, no. 4, 1990.

Chalmers, Sharon, "Inside/Outside Circles of Silence: Creating Lesbian Space in Japanese Society", Vera Mackie (eds), *Feminism and the State in Modern Japan*, Melbourne: Japanese Studies Centre, 1995.

Früstück, Sabine., "Die Politik der Sexualwissenschaft: Zur Produktion und Popularisierung Sexologischen Wissens in Japan 1900-1941", Ph. D. Dissertation, University of Vienna, 1996.

Hayashida, Cullen. "Identity, Race, and the Blood Ideology of Japan", Ph.

D. Dissertation, University of Washington, 1976.

Jackson, Laura., "Bar Hostesses", Joyce Lebra, Joy Paulson, and Elizabeth Powers (ed), *Women in Changing Japan*, Stanford: Stanford University Press, 1976.

Matsumoto, Narao, "Takarazuka Girls' Opera Popular", *Osaka Mainichi and Tokyo Nichinichi*, January 8, 1938.

------ "Zuka in August" *Osaka Mainichi and Tokyo Nichinichi*, August 10, 1940.

------ "Takarazuka Revues Emergency Minded; Shows Are More Serious, Less Comic", *Osaka Mainichi and Tokyo Nichinichi*, February 22, 1941.

------ "Hukuko Sayo Shines in Grand Zuka Opera", *Osaka Mainichi and Tokyo Nichinichi*, March 8, 1942.

------ "Children of East Asia in 18 Scenes Pleasing Takarazuka Fans in August", *Mainichi*, August 15, 1943.

------ "Nippon Navy's Growth, Activities Featured on Takarazuka Stage", *Mainichi*, May 9, 1943.

------ "Story World Is Linked with Realities in Children of Sun at Takarazuka", *Mainichi*, April 8, 1943.

------ "Zuka Assimilates Midsummer Night's Dream". *Mainichi*, June 8, 1944.

Mitsuhi, "Joking, Gender, Power, and Profession among Japanese Inn Worker", *Ethnology*, vol. 40, no. 4, Fall, 2001.

Mochizuki Mamoru, "Cultural Aspects of Japanese Girl's Opera", Hidetoshi Kato (ed), *Japanese Popular Culture*, Tokyo: Charles E. Tuttle, 1959.

Pflugfelder, Gregory, "'Smashing' in Cross-Cultural Perspective: Japan and the United States", Department of History, Stanford University. Un-published paper, 1989.

Reynolds, E. Bruce, "Imperial Japan's Cultural Program in Thailand", Grant Goodman (ed), *Japanese Cultural Policies in Southeast Asia During World War 2*, New York: St. Martin's Press, 1991.

Robertson, Jennifer, "Redressing Gender Roles: The Takarazuka Revue", Paper presented at the Association for Asian Studies 39th Annual Meeting, Boston, April 11, 1987.

------ "Gender-Bending in Paradise: Doing 'Female' and 'Male' in Japan", *Genders 5*, 1989.

------ "Doing and Undoing 'Female' and 'Male' in Japan: The Takarazuka Revue", Takie S. Lebra (ed), *Japanese Social Organization*, Honolulu: University of Hawaii Press, 1992.

------ "The 'Magic If': Conflicting Performances of Gender in the Takarazuka Revue of Japan", Laurence Senelick (ed), *Gender in Performance: The Presentation of Difference in the Performing Arts*, Hanover: University Press of New England, 1992.

------ "Mon Japon : The Revue Theater as a Technology of Japanese Imperialism". *American Ethnologist* 22, 1995.

------ "Dying to Tell : Sexuality and Suicide in Imperial Japan", *Signs: Journal of Women in Culture and Society*, vol. 25, no 1, autumn 1999.

Roden, Donald, "Taisho Culture and the Problem of Gender Ambivalence", J. Thomas Rimer (ed), *Culture and Identity: Japanese Intellectuals during the Interwar Years*, Princeton:

Princeton University Press, 1990.

Sievers, Sharon, "Constructing a New Cultural History of Prewar Japan", Masao Miyoshi and H. D. Harootunian (ed), *Japan in the World*, Durham, N.C.: Duke University Press, 1993.

Singer, Jane, "The Dream World of Takarazuka", *Japan Quarterly* vol. 40, no. 2, 1996.

Sumiko Iwao, "The Japanese Woman: Traditional Image and Changing Reality", *Signs: Journal of Women in Culture and Society*, vol. 20, no. 3, 1995.

Takie Sugiyama Lebra, "Japanese Women: Constraint and Fulfillment", *Signs: Journal of Women in Culture and Society*, vol. 10, no. 4, 1985.

Tada, Muchitaro and Kato, Hidetoshio, (eds), "Cultural Aspects of Japanese Girls Opera", *Japanese Popular Culture*. Westport, Connecticut: Greenwood Press, 1973.

4. 시청각자료

《宝塚 85周年 記念》 비디오 테입, 宝塚歌劇團, 1998.

《ベルサイユのばら 2001》 비디오 테입, 宝塚歌劇團, 2001.

《猛き黃金の国》 비디오 테입, 阪急東宝, 2001.

《TSUBASA傳說》 비디오 테입, 阪急東宝, 2001.

《宝塚バウホール 20周年 記念 CD》, 阪急東宝, 2001.

《ベルサイユのばら 2002》 비디오 테입, 宝塚歌劇團, 2002.

다카라즈카 영상 홈페이지: www.geocities.com/-alsetsy/Takatomovie.htm.

다카라즈카 공식 홈페이지: www.hankyu.co.jp

다카라즈카 방송채널 홈페이지: www.skystage.net
다카라즈카 팬 교류협회 홈페이지: www.trist.com

http//www.asahi-net.or.jp/~uy7k-ymst/sazen/tsroom.htm.
http://homepage2.nifty.com/musical/kageki/what.htm.
http://homepage2.nifty.com/musical/kageki/media.htm.
http://homepage2.nifty.com/musical/kageki/yogo-a.htm.
http://kyodai.com/namida.
http://plaza13.mbn.or.jp/~Elisabeth/takarazuka.html
http://www.geocities.com/-alsetsy/Takatomovie.htm.
http://www.hankyu.co.jp/kageki/star/body.html
http://www.mapion.co.jp/html/map/web/japan.html
http://shoujo.tripod.com/takarastar.html.
http://www.skystage.net
http://www.takarazuka-jp.com/dx/kenken/map/index.php3
http://www.takarazuka-jp.com/dx/kenken/map.gif
http://www.tms.ac.jp/body.html
http://www.trist.com
http://websunday.net/backstage/takahasi.html
http://www.sakamura-lab.org/tachibana/hatachi/hagio.html
http://www.geocities.jp/hebiichigo42/hagio/best2.htm

5. 인터뷰

이노우에 유카(15세), 마사이 노리코(16세), 모리나카 아이코(16세), 긴도 도모미(17세), 다쿠치 메구미(17세), 메구치 에미(17세), 미즈다 치하루(17세), 아사다 유키코(17세), 오다 이쿠코(17세), 이토하라 유카(17세), 요도 미유키(18세), 엔도 아사미(19세), 구리카타 요코(21세), 야마시타 히토미(22세), 야마구치 유미코(23세), 오노 게이코(24세), 간자키 가오루(25세), 고미야 가쯔에(29세), 다나카 다에코(29세), 미즈노 유미코(29세), 우에노 아야코(29세), 사토우 에리코(32세), 나가시마 미도리(33세), 요시카와 히로코(34세), 오쿠다 후미에(35세), 호레카와 슈헤이(男: 46세), 아마노 모토코(48세), 와키모토 히로코(49세), 후지이 히카코(50세), 다카 하루코(55세), 다바타 기요코(55세), 아시카리 다카코(62세), 히우이 시레이(64세).